COMPRENDRE LE BRÉSIL

Natasha Prévost

esta vida é uma viagem
pena eu estar
só de passagem

la vie est un voyage
dommage que je sois
seulement de passage

Paulo Leminski (1944-1989)
écrivain et poète

Auteures : Natasha Prévost, Aude Perron (chapitre 4)
Réviseure : Aude Perron
Éditeur : Daniel Desjardins
Ajointe à l'édition : Annie Gilbert
Correcteur : Pierre Daveluy
Infographistes : Pascal Biet, Marie-France Denis
Directeur des éditions : Olivier Gougeon
Photographie de la page couverture : les célèbres pavages de la plage de Copacabana, à Rio © Miguel Valle de Figueiredo

Remerciements :

À toutes les personnes aimées au Brésil qui résistent au passage du temps et aux nouvelles rencontres qui intensifient les raisons d'y retourner.

Natasha Prévost

Guides de voyage Ulysse reconnaît l'aide financière du gouvernement du Canada par l'entremise du Programme d'aide au développement de l'industrie de l'édition (PADIÉ) pour ses activités d'édition.

Guides de voyage Ulysse tient également à remercier le gouvernement du Québec – Programme de crédit d'impôt pour l'édition de livres – Gestion SODEC.

Guides de voyage Ulysse est membre de l'Association nationale des éditeurs de livres.

Catalogage avant publication de Bibliothèque et Archives nationales du Québec et Bibliothèque et Archives Canada

Prévost, Natasha, 1976-
Comprendre le Brésil
(Comprendre)
Comprend un index.
ISBN 978-2-89464-819-3 (version imprimée)
1. Brésil - Mœurs et coutumes - 21e siècle. 2. Brésil - Guides. I. Titre. II. Collection: Comprendre (Éditions Ulysse).
F2510.P73 2008 390.0981'0905 C2008-940793-8

Bibliothèque et Archives nationales du Québec
Dépôt légal – Premier trimestre 2010
ISBN 978-2-89464-819-3 (version imprimée)
ISBN 978-2-89665-360-7 (version numérique)
Imprimé au Canada

SOMMAIRE

2

LA VIE QUOTIDIENNE AU BRÉSIL 46

3

VIVRE EN SOCIÉTÉ 68

SOMMAIRE

LE BRÉSIL
Mer des Caraïbes
OCÉAN ATLANTIQUE
N
Caracas
VENEZUELA
COLOMBIE
Georgetown
GUYANA
Paramaribo
SURINAME
Cayenne
GUYANE (FRANCE)
Oiapoque
Boa Vista
RORAIMA
AMAPÁ
Macapa
Belém
Castanhal
Manaus
Santarém
São Luis
Parnaiba
MARANHÃO
Sobral
Fortaleza
Caxias
Teresina
Maraba
Imperatriz
CEARÁ
AMAZONAS
PARÁ
RIO GRANDE DO NORTE
Natal
Araguaina
Picos
João Pessoa
PARAÍBA
PIAUÍ
PERNAMBUCO
Recife
ACRE
Porto Velho
Petrolina
Rio Branco
Palmas
ALAGOAS
Maceió
RONDÔNIA
TOCANTINS
SERGIPE
Aracaju
Sinop
Barreiras
Feira de Santana
Cusco
PÉROU
MATO GROSSO
BAHIA
Salvador
BOLIVIE
Brasilia
Vitória da Conquista
Cuiabá
GOIÁS
DISTRITO FEDERAL
Ilhéus
Arequipa
La Paz
Goiânia
Montes Claros
Porto Seguro
Rio Verde
Santa Cruz
Puerto Suarez
MINAS GERAIS
Teixeira de Freitas
Sucre
Potosi
Uberlândia
Belo Horizonte
Colatina
Campo Grande
ESPÍRITO SANTO
Iquique
MATO GROSSO DO SUL
Ribeirão Preto
Vitória
Dourados
SÃO PAULO
PARAGUAY
RIO DE JANEIRO
Campinas
Londrina
Macaé
São Paulo
Rio de Janeiro
Antofagasta
Santos
Paraná
Curitiba
Asunción
PARANÁ
Chapecó
Joinville
Blumenau
San Miguel de Tucumán
CHILI
SANTA CATARINA
Florianópolis
Caxias do Sul
Santa Maria
Criciúma
Uruguaiana
Porto Alegre
RIO GRANDE DO SUL
Córdoba
Pelotas
Rio Grande
Rosario
URUGUAY
Valparaiso
Mendoza
Santiago
Buenos Aires
Montevideo
ARGENTINE
Mar del Plata
Bahia Blanca
0
400
800km
©ULYSSE

Démographie

Population (2009) : *198 740 000*

Densité (2007) : *22,5 hab/km² (France 111 hab/km², Canada 3,3 hab/km²)*

Population urbaine (2008) : *86% (France 77%, Canada 80%)*

Langue : *portugais*

Répartition ethnique : *Blancs 53%; Mulâtres 38%; Noirs 6%; Asiatiques 1%; Métis 1%; indigènes 0,25%*

Religions : *catholicisme, protestantisme et religions afro-brésiliennes*

Espérance de vie des hommes : *68 ans (France 77 ans, Canada 78 ans)*

Espérance de vie des femmes : *75 ans (France 84 ans, Canada 83 ans)*

Taux d'alphabétisation (2004) : *88,6% (France 99%, Canada 99%)*

Économie

PIB (en parité de pouvoir d'achat – 2008) : *1 993G $US (France 2 128G $US, Canada 1 300G $US)*

Croissance (2008) : *5,1%*

Composition du PIB par secteur (2008) : *agriculture : 6,7%; industrie : 28%; services : 65,3%*

Population active par secteur (2003) : *agriculture : 20%; industrie : 14%; services : 66%*

Chômage (2008) : *7,9%*

PIB/hab. (PPP - 2008) : *10 200 $US (France 33 200 $US, Canada 39 100 $US)*

Inflation (2008) : *5,7%*

Dette publique (2008) : *36,9% du PIB*

Exportations (2008) : *197G $US*

Importations (2008) : *173G $US*

Indications de consommation et de développement

Téléphones portables pour 1 000 hab. (2006) : *630 (France 882, Canada 584)*

Ordinateurs pour 1 000 hab. (2004) : *75 (France 347, Canada 487)*

Voitures particulières pour 1 000 hab. (2006) : *124 (France 598, Canada 585)*

Personnes ayant utilisé l'internet au cours des 30 derniers jours (2005) : *29% (France 61%, Canada 72%)*

AVANT-PROPOS

UN SÉJOUR AU BRÉSIL

Comprendre le Brésil s'adresse aux personnes qui désirent effectuer au Brésil un séjour long, une série de voyages ou qui travaillent de près ou de loin avec le Brésil.

Le Brésil vous interpelle?

Un élément de la culture brésilienne a piqué votre curiosité?

Des Brésiliens vous ont transmis leur passion pour leur pays?

Vous rêvez d'un ailleurs tropical où tout est colossal?

Un projet personnel ou professionnel vous amène à vous intéresser davantage à ce pays?

Vous vous demandez de quelle façon vous imprégner de la culture brésilienne?

Que ces quelques lignes soient pour vous des questions ou des affirmations, cet ouvrage tentera de guider votre réflexion, d'approfondir vos connaissances et d'améliorer votre compréhension du Brésil.

PRÉSENTATION DU GUIDE

Cet ouvrage aborde ce que nous croyons être des thèmes d'intérêt qui vous permettront de mieux comprendre le Brésil. C'est dans cet ordre d'idées que quatre chapitres vous sont proposés.

Le premier chapitre, « Histoire et civilisation brésilienne », brosse un bref portrait historique, politique et social du pays qui permet de mieux comprendre comment l'histoire se reflète dans les enjeux d'aujourd'hui. Il comprend aussi une section sur le cadre géographique et culturel du Brésil, pour cartographier cet immense pays et mieux saisir la complexité des différences entre les régions qui le composent. D'autres sections de ce chapitre portent sur les arts qui passionnent les Brésiliens et sur le syncrétisme religieux qui révèle la particularité de la culture brésilienne : le mélange des croyances qui forme une foi singulière. Le deuxième chapitre, « La vie quotidienne au Brésil », couvre plusieurs thèmes chers aux Brésiliens, que ce soit la langue, l'éducation, la télévision, les sports, les transports ou la santé; il souligne les progrès du peuple brésilien dans tous ces domaines si essentiels pour l'avenir du pays. Le troisième chapitre, « Vivre en société », s'attarde aux classes socioéconomiques, aux relations interpersonnelles et à la gastronomie; il met en lumière la hiérarchie des classes et des races, les relations de genre et la cuisine brésilienne, tout en dévoilant les forces et les faiblesses de la société brésilienne. Enfin, le quatrième chapitre, « L'économie, les affaires et le travail », s'adresse à tous ceux qui désirent faire des affaires au Brésil; il met de l'avant quelques aspects uniques de l'économie brésilienne et de la culture des affaires au Brésil.

LE BRÉSIL, UNE PASSION

Ce livre est un portrait réaliste d'un pays aux multiples contradictions. Ces dernières ne sont pas toujours faciles à saisir, mais c'est leur amalgame qui forme la richesse culturelle brésilienne. La chaleur du peuple brésilien, la beauté époustouflante de la nature, la grandiloquence de la culture et des arts sont les ingrédients qui conduisent à un attachement profond pour ce pays unique. Face à la dure réalité des inégalités sociales, de la corruption, de la bureaucratie écrasante, de la violence et de l'insécurité, la solution est de tenter de mieux en comprendre les causes, par un engagement social réel envers ce pays et son peuple. Les Brésiliens affirment que tout se termine en samba à Rio de Janeiro ou avec une pizza à São Paulo. Chose certaine, la seule façon de comprendre la signification du mot *saudade* (« mal du pays » ou « nostalgie »), c'est de vivre pleinement et intensément le Brésil.

Boa Viagem!

Note: les appels de note renvoient à la page 93.

1

HISTOIRE ET CIVILISATION BRÉSILIENNE

HISTOIRE DU BRÉSIL

Aujourd'hui une jeune démocratie, le Brésil est reconnu pour son brassage ethnique, et son histoire en est l'explication. De ce fait, il est intéressant, dans un premier temps, de décrire les différents acteurs historiques du pays : les indigènes, les Portugais, les esclaves et les immigrants. Dans un deuxième temps, il est impératif de comprendre un peu l'histoire politique du Brésil : la monarchie, la « Vieille République », les dictatures, les gouvernements corrompus et la situation politique actuelle du pays sous la gouverne du Parti des travailleurs (PT). Ce survol historique vous permettra, une fois sur place, de saisir certaines subtilités et de faire des liens entre les différents chapitres du présent ouvrage.

Les indigènes

L'origine des premiers habitants du territoire aujourd'hui connu sous le nom de Brésil (Brasil en portugais, du nom de l'arbre de bois précieux *pau-brasil*) continue de susciter des débats au sein de la communauté scientifique. D'un côté, le passage par le détroit de Béring à des moments historiques variant de 60 000 à 12 000 ans. De l'autre, la découverte sur le site de São Raimundo Nonato, dans l'État du Piauí, au Brésil, d'indices de présence humaine datant de 48 000 ans.

On estime qu'en 1500, au moment de la découverte du Brésil par les Portugais, la population indigène se chiffrait entre un et trois millions d'individus. Elle se dénombre aujourd'hui à environ 460 000 personnes, soit 0,25% de la population brésilienne. Les peuples indigènes vivent sur tout le territoire, mais la majorité se concentre dans le nord et le centre-ouest du pays. La Fundação Nacional do Índio (FUNAI) a recensé l'existence de 225 peuples et de 180 langues indigènes. Les terres officiellement reconnues comme indigènes couvrent aujourd'hui 12% de la superficie du Brésil.

Les témoignages écrits sur les indigènes aux XVIe et XVIIe siècles ont été rapportés par des émissaires de la Couronne ou par des Jésuites qui avaient le mandat d'évangéliser les indigènes. Le tableau a donc été brossé par les nouveaux arrivants et non par les indigènes. Bien que ces différents peuples possèdent des coutumes, des croyances et une organisation sociale singulières, certaines caractéristiques sont partagées par la majorité des groupes. La plus commune est la taille des communautés, variant généralement de 30 à 100 personnes, où la vie est régie par un système complexe de parenté qui commande les relations de genre, d'échange et de division du travail. L'organisation sociale de chacune des communautés possède sa propre cosmologie à l'intérieur de laquelle sont classifiés les êtres humains, les animaux et les êtres surnaturels.

La colonisation

Le navigateur portugais Pedro Álvares Cabral découvre le Brésil le 22 avril 1500. Durant les trois premières décennies du XVIe siècle, les Portugais se concentrent sur l'exploitation du *pau-brasil*, dont la sève était utilisée pour teindre le tissu. La forêt du *pau-brasil* est aujourd'hui presque totalement rasée. Les Portugais s'intéressent également à la force de travail des indigènes, mais ces derniers se révèlent rapidement être un peuple insoumis, ce qui freine l'exploitation des ressources du territoire.

À partir de 1530, le roi du Portugal envoie des colons pour peupler le territoire brésilien, chasser les envahisseurs hollandais, anglais et français – qui veulent eux aussi une partie du territoire – et introduire la culture de la canne à sucre. En 1533, le Brésil est divisé en 15 fiefs héréditaires, ou *capitanias*, donnés à la gouverne d'individus influents. La vie politique est régie par les « bons hommes » ou hommes puissants, et le peuple en est exclu. Ce système s'avère rapidement caduc. En 1549, le roi João désigne un gouverneur général qui s'établit à Salvador de Bahia, désignée comme la capitale. Salvador demeurera la capitale du Brésil jusqu'en 1763; ce fut ensuite au tour de Rio de Janeiro de jouer le rôle de capitale, jusqu'à ce que Brasilia prenne la relève en 1960.

Le rôle des Jésuites

Au XVIe siècle, les enfants indigènes sont les premiers à recevoir l'attention des Jésuites portugais. Dans un premier temps, le père Manoel de Nóbrega regroupe des orphelins en terre natale portugaise pour une traversée vers le Brésil. Il utilise ces orphelins pour convaincre les jeunes indigènes d'abandonner les coutumes et les valeurs de leurs ancêtres et d'adopter le catholicisme. En suivant cette même logique, les Jésuites fondent les premières écoles à Bahia. Ces dernières sont dites égalitaires parce qu'elles reçoivent dans la même salle de cours des indigènes, des Blancs et des Mulâtres. Cependant, en règle générale, les relations entre les Jésuites et les indigènes sont truffées de contradictions. Plusieurs sources officielles affirment que les Jésuites étaient les protecteurs acharnés des indigènes. D'autres sources soulignent que ces derniers sont aussi responsables, au XVIe siècle, de la disparition dans les régions côtières de près de 300 communautés indigènes. Vers le milieu du XVIIIe siècle, pour cause de querelles de pouvoir, l'autorité politique et matérielle des Jésuites sur les missions indigènes faiblit. En 1760, le ministre de l'Intérieur du Portugal, le marquis de Pombal, fait expulser les Jésuites du Brésil.

Les vagues successives d'occupation et d'immigration

Il est important de noter que les différentes invasions, occupations et vagues d'immigration décrites sont des aspects importants de la formation de la culture brésilienne actuelle.

Au début du XVIe siècle, des marins commercent avec les indigènes dans la baie de Guanabara, dans l'État de Rio de Janeiro. À partir de 1655, les Français occupent la région de Rio de Janeiro pendant près d'une décennie. La guerre religieuse entre catholiques et protestants en France se déplace au Brésil. Même avec l'aide des indigènes de la région, qui préfèrent les Français aux Portugais, les Français sont divisés et ne résistent pas longtemps aux Portugais.

La venue des immigrants est associée à l'ouverture des ports aux « nations amies », à partir de 1808, et à l'indépendance du pays, en 1822. Une vague d'immigration anglaise contribue à l'expansion commerciale du port de Santos, qui sera désormais relié à la ville de São Paulo par un réseau ferroviaire. Les monarques brésiliens tentent d'attirer des immigrants en leur offrant des lots de terres agricoles pour peupler le sud du pays. Les premiers Allemands et Italiens arrivent à partir de 1870 et deviennent majoritaires dans les États de Santa Catarina et de Rio Grande do Sul.

La grande vague migratoire qui commence à partir de la moitié des années 1880 correspond à la pénurie de main-d'œuvre résultant de l'abolition de l'esclavage et du boom commercial du café dans l'État de São Paulo. Les immigrants portugais, italiens, espagnols, allemands, juifs, syriens, libanais et japonais s'installent surtout dans le centre-sud et le sud du pays.

À partir des années 1930, l'immigration interne s'intensifie. Les habitants du Nord-Est et de l'État du Minas Gerais abandonnent leurs régions en quête de l'*eldorado* pauliste. Plus récemment, une vague d'im-

1

migration coréenne a aussi changé le paysage de São Paulo. Finalement, pour des raisons professionnelles ou politiques, des immigrants de pays voisins – Argentine, Uruguay, Chili et Bolivie – s'installent également au Brésil.

L'esclavage

Une vague d'immigration forcée joua un rôle fondamental dans la formation culturelle brésilienne, celle des esclaves africains. Elle commence au milieu du XVIe siècle et correspond au développement de la culture de la canne à sucre. Si l'esclavage est une pratique historiquement courante chez les Grecs, Romains, Hébreux et Mayas, le degré de cruauté appliqué par les Portugais, les Espagnols et les Anglais est supérieur. Dans le cas du Brésil, les esclaves sont traités comme de la marchandise et jetés dans les cales des vaisseaux à partir des colonies du Portugal en Afrique (Mozambique, Angola et Congo). Au Brésil, des rivalités explosent entre les esclaves de différents groupes ethniques, et plus tard entre les Métis et les Noirs nés au Brésil. Le trafic et la commercialisation d'esclaves dureront 300 ans.

Sur le plan de l'organisation sociale, le maître et son épouse habitaient la *casa grande*, où les enfants et les femmes d'esclaves travaillaient pendant la journée. Les esclaves habitaient la *senzala*, composée de baraquements insalubres, et ceux qui ont eu la possibilité de se tenir loin de l'influence du maître sur les plantations ont pu préserver leurs rituels.

Les esclaves qui parviennent à fuir les plantations forment des *quilombos*, ces communautés dont certaines regroupent plus de 1 000 habitants. La majorité des *quilombos* étaient situés dans les États du Pernambuco et d'Alagoas, dans le nord-est du pays. En 1694, déterminés à venir à bout de cette résistance, les Portugais attaquent et démantèlent la confédération de *quilombos* de Palmares, qui regroupait environ 30 000 individus. L'assassinat du chef Zumbi dos Palmares, l'année suivante, met une fin abrupte à la résistance des esclaves.

Avec l'interdiction de l'importation d'esclaves en 1850, les maîtres se retrouvent dans une situation où il devient plus lucratif d'encourager les femmes esclaves à donner naissance que d'acheter des esclaves devenus hors de prix. Pour ne pas voir leurs enfants grandir captifs, plusieurs femmes esclaves avortent ou abandonnent leurs nouveau-nés à la merci des animaux sauvages. En 1871, la loi du « Ventre libre » est votée. Elle déclare que les enfants d'esclaves doivent vivre sous l'autorité du maître jusqu'à l'âge de 14 ans. À partir de cet âge, l'enfant doit rembourser les frais de subsistance encourus par le maître. Toutefois, à l'âge de 21 ans, il devient un individu libre.

La fin de l'esclavage en 1888 et le début de la République en 1889 transforment le paysage socioéconomique et politique du Brésil. Dans les grandes villes, les autorités commencent à se préoccuper d'éducation. Plusieurs jeunes Noirs obtiennent leur premier emploi par l'entremise des programmes d'éducation professionnelle alors mis en place. Cependant, ce ne sont pas tous les anciens esclaves qui trouvent du travail, et beaucoup se mettent à quêter ou à voler pour survivre. Ironiquement, lorsque pris par la police, ces anciens esclaves sont envoyés dans des instituts agricoles. Ils doivent travailler gratuitement afin de se racheter.

La naissance d'une République

À la fin des années 1880, la monarchie brésilienne traverse une grave crise :

- L'Église catholique manifeste son mécontentement face à la prise de position du roi Dom Pedro II sur les questions religieuses.
- Le pouvoir militaire critique la corruption existante à la cour et exige une plus grande liberté de presse. Sous la monarchie, toute communication doit d'abord être acceptée et autorisée par le ministre de la Guerre.
- La classe moyenne (fonctionnaires, professionnels libéraux, journalistes, étudiants, artistes, commerçants) prend de l'ampleur dans les grands centres urbains. Cette classe moyenne montante exige une plus grande participation politique. Elle s'identifie aux idées républicaines et finit par soutenir la chute de l'Empire.
- Les propriétaires agricoles, principalement les producteurs de café de l'Ouest pauliste, exigent un pouvoir politique à la hauteur de leur pouvoir économique.

Face à ces pressions, le pouvoir de l'empereur et de son gouvernement s'affaiblit. Le 15 novembre 1889, le maréchal Deodoro da Fonseca, avec l'appui des Républicains, congédie le conseil des ministres et son président. Après 67 ans d'existence, la monarchie prend fin. Dom Pedro II et sa famille retournent au Portugal. Le pays sera dorénavant gouverné par un président choisi par le peuple.

La Vieille République

La période qui s'étend de 1889 à 1930 est connue sous le nom de la « Vieille République ». Cette période de l'histoire brésilienne est marquée par la domination des élites agraires du Minas Gerais, de São Paulo et de Rio de Janeiro. Le Brésil, pendant cette période, exporte principalement du café.

Le pouvoir est dit des oligarchies agraires et de la politique « café au lait ». La majorité des présidents de cette époque sont originaires de l'État de São Paulo (avec ses plantations de café) ou de Minas Gerais (avec ses fermes laitières). Le *coronelismo* (dérivé du mot *coronel* ou « colonel » en français) est une tradition encore actuelle dans certaines régions où un riche agriculteur utilise son pouvoir économique pour garantir l'élection des candidats qu'il appuie. Pour atteindre ses objectifs politiques, le colonel a recours à des actions telles qu'achat de votes, votes fantômes, échange de faveurs, fraudes électorales et violence. Cette situation de corruption n'est pas différente de ce qu'on retrouve à un échelon politique plus bas, chez les gouverneurs des États. Cette concentration du pouvoir dans le sud-est du pays mena à l'abandon du développement du nord-est, du centre-ouest et du nord du pays, ce qui plongea ces régions dans une crise sociale et économique.

En 1930, il y eut des élections pour la présidence de la République. En accord avec la politique « café au lait », c'était au tour d'un candidat du Minas Gerais de prendre le pouvoir. Mais le Parti républicain pauliste du président Washington Luis désigne un politicien pauliste, Julio Prestes, à la succession. En réponse à ce changement im-

1

promptu, le Parti républicain minier (Minas Gerais) forma l'Alliance libérale avec les politiciens de la Paraíba et de Rio Grande do Sul. Avec l'aide des militaires, ils provoquent la Révolution de 1930. Ils donnent le pouvoir à Getulio Vargas, candidat gaucho de la région de Rio Grande do Sul.

C'est la fin de la « Vieille République » et le début de l'ère Vargas.

Les dictatures

Getulio Vargas fut président du Brésil de 1930 à 1945 et de 1951 jusqu'à son suicide, en 1954. Il semble que, malgré le fait que Vargas ait été un dictateur gouvernant avec des méthodes populistes, la population plus conservatrice se souvient de lui comme d'un président qui investit dans le pays. Il fonde la « Justice électorale » et octroie le droit de vote aux femmes. En plus de créer des œuvres d'infrastructures et le parc industriel brésilien, il prend des positions favorables aux travailleurs. On retient de son régime sa politique économique génératrice d'emplois au Brésil et ses mesures favorisant les travailleurs.

Entre 1945 et 1964, la société brésilienne enregistre une avancée importante sur le plan démocratique. Un système multipartiste et un système électoral proportionnel sont mis en place. João Goulart, à la tête du gouvernement de 1961 à 1964, offre aux organisations sociales un espace politique pour s'exprimer. Les syndicats, quoique limités dans leurs actions par l'*Estado Novo*, continuent de se multiplier. Les étudiants, les organisations populaires et de travailleurs font peur aux conservateurs, à l'Église catholique, aux entrepreneurs, aux banquiers, aux militaires et à la classe moyenne. En ce début de guerre froide, tous tremblent à l'idée d'un Brésil socialiste et craignent un coup d'État communiste. La scène politique devient extrêmement instable. João Goulart est forcé de renoncer à la présidence en 1964. C'est le début de 21 ans de tutelle militaire. Les gouvernements dictatoriaux se succèdent, caractérisés par l'absence de démocratie, la suppression des droits constitutionnels, la censure, la persécution politique et la répression faite aux opposants.

Gouvernement Castello Branco (1964-1967)

Castello Branco se dit un fervent défenseur de la démocratie, mais gouverne le pays en endossant une position autoritaire. Il dissout les partis politiques et instaure le bipartisme : seul le Mouvement démocratique brésilien (représentant l'opposition) et l'Alliance du renouveau national (représentant les militaires) subsistent. Castello Branco impose une nouvelle constitution militaire en 1967.

Gouvernement Costa e Silva (1967-1969)

Le gouvernement de Costa e Silva est marqué par les protestations et les manifestations sociales. Une guérilla urbaine s'organise. L'acte institutionnel numéro 5 (AI-5) est décrété; les garanties de l'*habeas corpus** sont annulées. Les répressions militaires et policières augmentent. Le Congrès national est fermé pour une durée indéterminée. Les réunions politiques sont défendues, et aucun sujet politique ne peut être traité au théâtre, dans la musique ou au cinéma.

* Grâce à la procédure d'*habeas corpus* apparue en Angleterre en 1679, un citoyen ne peut être privé de liberté sans l'intervention judiciaire.

Gouvernement de la Junte militaire (1969/08/31-1969/10/30)

Le gouvernement de la Junte militaire est formé par un ministre de la marine, de la milice et de l'aéronautique. Deux groupes de gauche prennent en otage l'ambassadeur des États-Unis, Charles Elbrick, en échange de la libération de 15 prisonniers politiques. À la suite de cet événement, le gouvernement décrète la loi de la Sécurité nationale, qui implique l'exil ou la peine de mort dans les cas de «guerre psychologique adverse, révolutionnaire ou subversive».

Gouvernement Medici (1969-1974)

Les années Medici sont aussi appelées «les années de plomb». Les journaux, revues, livres, pièces de théâtre, films, musiques et autres formes d'expression artistique sont censurés. Beaucoup de professeurs, politiciens, musiciens, artistes et écrivains sont soumis à des interrogatoires, faits prisonniers, torturés ou exilés. La guérilla rurale s'organise, mais est rapidement réprimée.

C'est aussi pendant cette période que le Brésil connaît son «miracle économique», avec une croissance du PIB de 12% par année couplée à une inflation de 18%. De colossaux projets d'infrastructure sont réalisés, mais la dette extérieure du pays augmente de façon importante.

Gouvernement Geisel (1974-1979)

C'est à partir de 1974 que le lent processus vers le retour à la démocratie est enclenché. Le gouvernement Geisel coïncide avec la fin du «miracle économique» et l'insatisfaction populaire grandissante. Geisel rétablit l'*habeas corpus* et annule l'AI-5. Plusieurs assassinats sont perpétrés par les militaires.

Gouvernement Figueiredo (1979-1985)

La victoire du Mouvement démocratique brésilien aux élections de 1978 accélère le processus de redémocratisation. Figueiredo décrète la loi de l'amnistie, concédant le droit de retour aux exilés et la libération des prisonniers politiques.

Le pluripartisme est rétabli. Le Parti des travailleurs (PT) ainsi que le Parti démocratique des travailleurs (PDT) sont créés. Vers la fin du gouvernement militaire, les syndicats font un retour en force.

Finalement, le 15 janvier 1985, un nouveau président de la République est élu. En 1988, une nouvelle constitution est instaurée, et les principes démocratiques du pays sont établis.

LES ÉLECTIONS AU BRÉSIL

Des élections ont lieu tous les quatre ans pour choisir le gouverneur de chaque État et pour élire le président de la République. Le pouvoir législatif est exercé par la Chambre des députés et le Sénat. La Chambre des députés est composée de 513 sièges, et le Sénat compte 81 membres (trois sénateurs par État et trois sénateurs pour le district fédéral).

Les gouvernements et la corruption

Lors du difficile passage à la démocratie, les différents présidents à la tête du Brésil furent tour à tour accusés de corruption, de clientélisme, de patronage, de détournement de fonds, etc.

Fernando Collor, membre du Parti de la reconstruction nationale (PRN), est le premier président élu par élection directe en 1989, pour la période de 1990 à 1992. Il renonce à son poste en raison d'une mise en accusation reliée à des actes de corruption commis en 1991. Ses droits politiques sont suspendus pendant huit ans. Son vice-président, Itamar Franco, lui succède avec une tâche peu enviable, car le Brésil est aux prises avec une inflation galopante et une dette colossale.

En 1994, le gouvernement Itamar lance le plan Real, élaboré par le ministre des Finances publiques, Fernando Henrique Cardoso. Ce plan, inspiré des idées de l'économiste Edmar Bacha, stabilise l'économie et vient à bout de l'hyperinflation.

Bénéficiant du succès du plan Real, Fernando Henrique Cardoso (parfois surnommé FHC), du Parti de la social-démocratie brésilienne (PSDB), devient le candidat officiel à la succession d'Itamar Franco et est élu président en 1994. Il sera le premier président à être réélu, en 1998. Son gouvernement est aussi accusé de corruption et de clientélisme. La fin de son premier mandat est marquée par une crise du secteur énergétique qui laisse le Brésil dans le noir à plusieurs reprises. Son deuxième mandat commence avec une forte dévaluation du real, provoquant l'augmentation des taux d'intérêt et de la dette externe. Sociologue de formation, FHC crée des programmes sociaux destinés à la population pauvre.

Le Parti des travailleurs

Actuellement au pouvoir, le Parti des travailleurs (PT) est né en 1980, et l'un de ses fondateurs n'est nul autre que l'actuel président du Brésil, Luis Inacio Lula da Silva, simplement appelé Lula. Lula est né en 1946 dans un village pauvre de l'intérieur de l'État du Pernambuco. Il grandit à São Paulo, où sa famille a émigré à la recherche de travail. Il n'étudie pas longtemps et commence à travailler dans les usines. À l'âge de 21 ans, il perd un doigt dans une usine de pièces d'automobiles. À la même époque, il s'implique dans le mouvement syndical. Durant les années 1970, il participe à plusieurs grèves massives. Il est arrêté et fait prisonnier. Une multitude de gens protestent, et Lula est libéré un mois plus tard. Lula s'exprime comme la classe ouvrière et, si ses origines ont pu lui nuire lors de ses premières tentatives à la présidence (1989, 1994, 1998), elles ont aussi fait de lui une personnalité singulière du monde politique contemporain. Au second tour des élections de 2002, Lula bat José Serra, du Parti de la social-démocratie brésilienne (PSDB), et devient le président élu du Brésil pour un mandat de quatre ans.

Hétérogène, le parti de Lula regroupe des dirigeants syndicaux, des intellectuels de gauche anti-stalinistes et des catholiques liés à la théologie de la libération. Le PT véhicule une idéologie social-démocrate, et l'un des premiers documents du parti déclare : « Un parti qui a le mandat de créer une société socialiste et démocratique se doit d'être une organisation démocratique, respectant les droits des minorités, où seule l'affiliation d'individus est acceptée. ». Le PT rejette les bases traditionnelles du leadership syndical tout autant que les modèles de social-démocratie de l'URSS et de la République populaire de Chine. Le parti est légalement reconnu par le tribunal supérieur de justice électoral en 1982. À la fin de la dictature, on parle au Brésil d'une nouvelle gauche politique. Comme toute activité politique fut réprimée pendant plus de deux décennies, la gauche n'est plus la même que 20 ans plus tôt.

Aujourd'hui, le Parti des travailleurs est considéré par la génération qui a été témoin de sa fondation comme un parti aux valeurs centristes, et même conservatrices. Il n'en demeure pas moins que le PT s'articule avec différents partis et groupes de gauche latino-américains ayant gagné en importance et en popularité au cours des dernières années.

D'autres reprennent les arguments du politicologue Robert Michels et affirment que le PT a été victime de ce que cet auteur a nommé «la loi de fer de l'oligarchie»: sa direction bureaucratique se serait intégrée à l'ordre bourgeois comme un intérêt corporatif de plus. Chose certaine, depuis le scandale des mensualités en 2005 (des pots-de-vin ont été distribués à des députés en échange de leur vote sur certains projets de loi) et à cause du manque de transparence de la commission d'enquête parlementaire, le PT semble avoir rejoint les rangs de la majorité des autres partis politiques en ce qui concerne la corruption.

Bilan du premier mandat politique de Lula

Même si Lula a été réélu en 2006, son premier mandat a déçu autant le PT que la gauche radicale et les mouvements sociaux. Le PT a formulé huit critiques.

Erreurs à ne pas reproduire au deuxième mandat (Valter Pomar, secrétaire des relations internationales du PT, juillet 2007):

- Une stratégie générale de conciliation de classe et de coexistence pacifique avec l'hégémonie néolibérale.
- Une politique de gouvernabilité institutionnelle basée principalement sur la majorité du congrès, sous-estimant le caractère stratégique de la gouvernabilité sociale.
- Une politique économique qui ne touche pas à l'hégémonie de la financiarisation du capital-argent, maintenant des intérêts élevés et priorisant les dettes publiques.
- La continuité de l'influence de la pensée néolibérale dans des secteurs importants du gouvernement.
- Une approche de compensation et d'assistance dans les politiques sociales et l'échec de réformes structurelles pour garantir l'universalité des droits.
- Une politique de communication traditionnelle qui ne transforme aucunement de façon démocratique et profonde la communication sociale.
- La transformation du parti en chaîne de transmission du gouvernement.
- L'adoption d'une politique de financement similaire aux partis politiques traditionnels.

Le cas du Brésil confirme la thèse selon laquelle beaucoup de forces politiques de gauche de différents pays qui promettaient de mettre en échec le néolibéralisme se prennent plutôt à son piège une fois au pouvoir. Comme l'affirme amèrement le sociologue brésilien Ricardo Antunes:

«Lorsque Lula a gagné les élections de 2002, loin de la puissance créatrice des luttes sociales des années 1980, le cadre était alors celui de la démoralisation au milieu de tant de destruction. Son élection a donc été, par là même, une victoire politique tardive. Alors, ni le PT ni le pays n'étaient plus les

mêmes. Le Brésil s'était désertifié alors que le PT s'était dévertébré. Et, ce qui a également favorisé le premier gouvernement Lula, c'est la présence d'un cadre économique international des plus favorables, ce que l'on ne peut pas attendre aussi facilement dans le second mandat. Mais il est évident que les mouvements sociaux, comme celui de MST, des travailleurs, du syndicalisme de gauche, ou des Sans-toit, parmi tant d'autres, tendent à exiger du gouvernement Lula ce qu'il n'est pas disposé à réaliser. Ce qui nous permet d'entrevoir une activation des luttes sociales et politiques dans le Brésil actuel.»

Le XXe siècle au Brésil a été particulièrement mouvementé sur la scène politique. Les changements se sont succédé de façon saccadée et violente. Les transformations sociales, telle l'abolition de l'esclavage en 1888, suivie, un an plus tard, de la fin de la monarchie, sont à la racine des turbulences du XXe siècle. On comprend la réalité d'une société qui, d'une part, connaît des avancées à plusieurs égards, pour ensuite se voir reculer. Et cela, à plusieurs reprises, pour se retrouver dans une situation où tout semble à recommencer. C'est-à-dire que toutes les transformations entamées se voient annihilées, de manière à détériorer la situation, pour la laisser dans un état encore pire qu'au début des changements. Cette histoire, les Brésiliens l'ont intériorisée et l'expriment dans leur intensité au quotidien, comme pour dire « on ne sait pas ce que demain nous apportera », transportant aussi cette peur du changement et des revirements brusques dans leurs relations interpersonnelles et commerciales.

CADRE GÉOGRAPHIQUE ET CULTUREL

Le Brésil est un pays immense, et le connaître dans sa totalité est l'histoire d'une et même de plusieurs vies. Les différences naturelles et culturelles sont très marquées entre les États du Nord et ceux du Sud. Un grand éventail de cultures et de beautés naturelles compose le Brésil. Cette section brosse un tableau des différents groupes qui forment les grandes villes brésiliennes. La vie urbaine veut aussi dire les immigrants, ceux des autres États du pays lui-même, en quête d'une vie meilleure. C'est aussi la misère de la plupart des habitants des favelas des mégalopoles. Plus particulièrement, celle des enfants qui forment le groupe le plus vulnérable face à la pauvreté. La description de ces différents aspects vous donnera une meilleure compréhension des enjeux urbains au Brésil. Parallèlement, plusieurs des groupes environnementaux présents au Brésil proposent des idées très innovatrices pour maintenir les beautés naturelles et augmenter la qualité de vie des individus. Il faut savoir que certains de ces projets visent la classe moyenne, mais que la majorité d'entre eux ont pour but de trouver des solutions à la pauvreté, tant dans les villes qu'à la campagne. Mais d'abord, démembrons le monstre territorial brésilien...

Les régions

Les cinq régions du Brésil que nous connaissons aujourd'hui résultent d'une division à caractère légal qui fut proposée en 1969 par l'Institut brésilien de géographie et statistiques (IBGE). À l'exception de la région sud-est qui fut créée en tenant compte du développement industriel et urbain, les autres régions ont été divisées par rapport aux aspects naturels du pays : le climat, le relief, la végétation et l'hydrographie. Les limites des régions coïncident avec la frontière des États. Voici les cinq régions avec le nom des États et leur capitale (indiquée entre parenthèses).

Le Centre-Ouest (Centro-Oeste) [Goiás (Goiânia), Mato Grosso do Sul (Campo Grande), Mato Grosso (Cuiaba) et le district fédéral (capitale du pays : Brasilia)] couvre une superficie de 1 604 852 km² (18,9% du territoire national) et compte une population d'environ 13 millions d'habitants.

Le Nord-Est (Nordeste) [Bahia (Salvador), Sergipe (Aracaju), Alagoas (Maceio), Pernambuco (Recife), district d'État Fernando de Noronha, Piauí (Teresina), Paraíba (João Pessoa), Rio Grande do Norte (Natal), Ceara (Fortaleza), Maranhão (São Luis)] couvre une superficie de 1 558 196 km² (18,2% du territoire national) et compte une population supérieure à 50 millions d'habitants.

Le Nord (Norte) [Tocantins (Palmas), Para (Belem), Amapá (Macapa), Roraima (Boa Vista), Amazonas (Manaus), Acre (Rio Branco), Rondônia (Porto Velho)] couvre une superficie de 3 851 560 km² (45,2% du territoire national) et compte une population d'un peu plus de 15 millions d'habitants.

Le Sud-Est (Sudeste) [São Paulo (São Paulo), Rio de Janeiro (Rio de Janeiro), Minas Gerais (Belo Horizonte), Espírito Santo (Vitoria)] couvre une superficie de 927 286 km² (10,6% du territoire national) et compte une population de près de 79 millions d'habitants.

Le Sud (Sul) [Rio Grande do Sul (Porto Alegre), Santa Catarina (Florianópolis), Paraná (Curitiba)] couvre une superficie de 575 316 km² (6,8% du territoire national) et compte une population de plus de 28 millions d'habitants.

Vie urbaine

Rio de Janeiro et São Paulo sont les deux plus grandes villes du Brésil. Cependant, l'écart de population est important. Rio de Janeiro ne compte que 6 millions d'habitants alors que São Paulo en compte près de 11 millions. En ajoutant la région métropolitaine, São Paulo se hisse à la sixième place des villes les plus populeuses du monde, avec 20 millions d'habitants. Tous les États brésiliens ont leur propre dynamique, mais ces deux villes représentent assurément la force économique du pays. La concurrence entre les *Cariocas* (les habitants de Rio de Janeiro) et les *Paulistanos* (les habitants de São Paulo) se joue sur plusieurs plans : le commerce, la qualité de vie, les sports, la vie culturelle, l'hospitalité, le style de vie, les traits culturels, l'accent, les expressions langagières, etc.

Les mégalopoles

Rio de Janeiro

La *Cidade Maravilha*, qui signifie la « ville merveilleuse », tire son nom de sa beauté naturelle grandiloquente. Située au bord de la mer, entourée de monts et de la plus grande forêt urbaine au monde (Tijuca), Rio de Janeiro est la première destination touristique du Brésil. On dit qu'elle en est la carte postale. L'habitant de Rio est appelé *Carioca*, mot dont l'étymologie vient de la famille linguistique tupi-guarani (*kari'oca*) et qui signifie «maison du Blanc». Rio reflète la réalité du Brésil: une misère inhumaine qui avoisine une richesse opulente. Les principales entreprises de pétrole (Petrobras), de téléphonie (Vale) et de communication (Rede Globo) ont leur siège social à Rio; de nombreuses stars de la chaîne de télévision Globo y habitent, ainsi que les dirigeants du cartel de la drogue...

Grâce au paysage, à la mer et au climat tropical, les *Cariocas* vivent dehors. La description romantique révélée dans le livre *Que País é Este?* (Editora Nórdica, Rio de Janeiro, 1978) du dramaturge et dessinateur Millôr Fernandes, qui a su capturer l'âme du *Carioca*, est encore d'actualité:

«Le *Carioca* n'est pas un conformiste. Il sait que la vie, c'est ici et maintenant, et que la tristesse ne paie pas de dettes. C'est un communicateur joyeux et profond; dans une fête ou une réunion de travail, le mot d'ordre, c'est de se divertir. Sans parler que sa façon de se divertir est collective, liée aux autres. Et cela, dans la rue qui appartient à tout le monde ou dans le foyer de toutes les classes sociales. Travailleur infatigable, le *Carioca* court à la plage durant sa pause de déjeuner. Il est amant de sa ville, patriote de son quartier, il s'oriente par le son (la musique), le regard (c'est un séducteur né avec un cou qui tourne sur 360 degrés) et l'odeur (la senteur est d'une importance capitale dans la physiologie sexuelle du *Carioca*). Roi de la conversation, le *Carioca* est avant tout ludique. C'est un optimiste qui, même s'il est intoxiqué par la pollution, névrotique à cause de la circulation, martyrisé par la bureaucratie et écrasé par l'économie, va de l'avant, protégé par la carapace verbale de son humour.»

Rio de Janeiro est la ville du culte du corps. Sur les plages, les gens sont entassés, dénudés, huilés. On fait ses emplettes de vêtements d'été à Rio et celles d'hiver à São Paulo. Le narcissisme, un trait de caractère général des Brésiliens, s'exprime dans tout son éclat à Rio.

São Paulo

Vivre à São Paulo, c'est vivre entre l'ombre et la lumière. Il est difficile d'apercevoir le soleil entre les gratte-ciel, mais surtout, ici aussi, la richesse côtoie la misère. Sur les 1 522 km^2 de territoire de la ville de São Paulo, 31 km^2 sont des favelas.

Le *Paulistano* est cordial et pressé. Entouré de béton, il n'arrête pas de travailler. Il possède un esprit aventurier et une morale conservatrice; il jette un coup d'œil en direction du long terme, tout en étant aux aguets du «ici et maintenant». Le *Paulistano* valorise le social et s'habille pour le regard de l'autre. São Paulo est né du labeur de chacune des communautés qui y ont élu domicile, et le *Paulistano* est fier de son monstre urbain. L'immigration lui donne d'ailleurs son caractère cosmopolite, et l'influence italienne est particulièrement palpable. On dit souvent des Brésiliens qu'ils ont tendance à comparer en termes de grandeur mégalomane leur richesse, quelle qu'elle soit: le plus haut du monde, le plus grand, le plus brillant, etc. São Paulo exemplifie bien ce trait culturel: c'est la troisième ville italienne en importance à l'extérieur de l'Italie et la plus grande ville japonaise à l'extérieur du Japon.

L'émigration de la campagne vers les villes

Le Nord-Est fut, pendant longtemps, et particulièrement à partir des années 1950, une région d'immigration massive. Cela peut s'expliquer par une inégalité salariale importante. La misère est accentuée par la sécheresse du Sertão (région semi-aride), et les terres sont distribuées entre quelques propriétaires qui profitent de l'industrie de la sécheresse (pour capter des voix, des politiciens offrent de l'eau aux pauvres avec des camions-citernes), qui fait bénéficier les grands propriétaires terriens au détriment des petits.

Nombre de gens quittent d'abord la campagne pour la capitale de l'État, puis migrent dans le sud-est du pays. Cependant, à partir des années 1990, en raison de la crise économique et de la saturation du marché de l'emploi de plusieurs grandes villes, l'*eldorado* tourne au mirage. Il perdure cependant dans l'imaginaire collectif des gens du Nord-Est qui continuent d'émigrer. Dans les faits, le marché de l'emploi est en décroissance, la qualité de l'éducation est médiocre et les salaires continuent d'être mal distribués. La majorité des *Nordestinos* qui avaient migré pour fuir la misère se retrouvent dans une situation de vie tout aussi précaire, en plus de souffrir des préjugés véhiculés à leur endroit par les habitants du Sud-Est. Il semble que, depuis l'an 2000, les mouvements migratoires se fassent maintenant en sens inverse, vers les capitales des États du Nord-Est.

L'émergence des favelas

Le terme «favela» vient du nom d'une plante poussant dans le Sertão brésilien du Nord-Est. À la fin de la guerre civile de Canudos (1895-1896) dans l'État de Bahia, les soldats et réfugiés retournent à Rio de Janeiro. Le gouvernement ne leur offre pas de logement, et les soldats en sont réduits à construire des habitations de fortune sur le mont de la Providence, qu'ils rebaptisent «Favela», symbole de leur victoire dans le Sertão.

Cette époque correspond à la fin de l'esclavage. Plusieurs esclaves libérés joignent les soldats sur le mont Favela. En quelques années, ils deviennent le groupe majoritaire du mont Favela, mais aussi le plus pauvre. Les favelas sont donc en premier lieu une conséquence du déplacement forcé de la population noire. Par la suite, une partie des immigrants du Nord-Est et d'Europe vient accroître cette population.

Peu de villes brésiliennes reconnaissent légalement les favelas. Du coup, les services urbains ne les desservent pas, à moins que les habitants ne s'organisent et en fassent la demande, mais il y a loin de la coupe aux lèvres. Les habitants réussissent en général à raccorder les fils électriques. Peu de favelas ont accès à l'eau courante ou à un système d'égout et de cueillette des déchets domestiques. Les maisons sont construites avec les moyens du bord: parfois avec un toit de tuiles et un plancher en béton, mais souvent avec du matériel recyclé. La distance entre les maisons est souvent de moins d'un mètre. Les favelas ont en général quelques rues principales qu'il est possible d'emprunter en voiture, mais les ribambelles de petites allées ne sont praticables qu'à pied.

Dans plusieurs cas, les favelas se sont formées illégalement sur des terrains publics ayant aujourd'hui une valeur immobilière très élevée. Dans le cas de Rio, les favelas sont juchées sur les monts d'où la vue panoramique est époustouflante. Plusieurs programmes d'éradication des favelas ont été créés à partir des années 1970. Mais les communautés résistent au déplacement. Ces programmes finissent souvent par la corruption de leur promoteur, car les prix des loyers des nouvelles habitations sont beaucoup trop élevés pour que les personnes que l'on veut déplacer puissent se les offrir.

Outre les problèmes sanitaires, la misère, l'analphabétisme, l'ostracisme, la violence de toutes sortes, les barons colombiens de la cocaïne ont aussi leurs revendeurs installés dans les favelas. Qui dit drogue, dit arme; qui dit arme, dit implication policière corrompue et règlements de comptes.

Cependant, des projets assez innovateurs ont récemment pris forme : au lieu de déplacer les habitants, on les consulte, et la favela est transformée en quartier. Il est d'ailleurs impératif d'instaurer ce type de projet parce que la nouvelle classe moyenne n'a plus les mêmes ressources financières que les générations précédentes. Malgré l'ostracisme véhiculé par l'élite et la classe moyenne à l'encontre des pauvres, la problématique des favelas gagne à être considérée comme le défi de tous les Brésiliens.

La pauvreté urbaine

Au Brésil, on peut observer la pauvreté à travers les réminiscences de l'esclavage, l'inégalité salariale, l'analphabétisme ou la faible scolarité. La pauvreté est particulièrement frappante chez les enfants, les femmes et les familles monoparentales. Bien que les situations varient d'un ménage à l'autre, en situation de pauvreté extrême, les conséquences suivantes sont observées.

Plus un individu est pauvre, plus il est marginalisé par la classe moyenne et moins il trouvera du travail. Une majorité de pauvres, dont beaucoup vivent dans une misère totale, pour une poignée de riches qui se partagent les ressources du pays, voilà les ingrédients d'un cocktail explosif. La violence urbaine, parfois liée à des règlements de comptes entre revendeurs de drogues et policiers, a aussi pour origine les gens misérables. Il n'est pas étonnant que les pauvres tournent leur agressivité vers les riches. Avec une vie faite de faim, de froid, de manque d'hygiène, de maladies, d'inconfort, de peur, d'agressions policières et autres, c'est une façon de se faire justice.

Il est donc hautement conseillé de marcher dans la rue en ayant l'air de savoir où vous allez. Portez sur vous la quantité d'argent dont vous aurez besoin ce jour-là. Réservez une petite quantité d'argent prête à donner à un voleur potentiel (5 à 10 reais). Ne mettez pas votre portefeuille dans votre poche arrière. Tenez votre sac à main de façon à avoir une bonne prise. Ne portez pas de montre, de bijoux coûteux ou d'appareils électroniques. Ne résistez pas si l'on vous attaque! La vie au Brésil, surtout pour l'agresseur, ne vaut rien. Les enlèvements contre rançon sont aussi monnaie courante. Il est donc important de toujours rester vigilant.

Les enfants de la rue

La pauvreté endémique au Brésil a comme autre conséquence la misère infantile. Les parents sans travail n'ont d'autre choix que de demander aux enfants de participer au revenu du ménage. L'alcoolisme, la dépendance aux drogues, les maladies, la violence et les abus sexuels font partie des raisons pour lesquelles les enfants quittent éventuellement la maison, mais, dans la majorité des cas, la misère extrême en est la cause.

Au Brésil, on doit distinguer vivre «de» la rue et vivre «dans» la rue. La rue est un espace public et dangereux, mais aussi un espace de liberté. Les enfants vivant «de» la rue sont de petits vendeurs ambulants; ils nettoient les pare-brises des voitures, quêtent de l'argent aux intersections, ramassent des produits recyclables et s'adonnent à de menus travaux pour des commerçants. Selon la distance à parcourir, ils retournent dormir à la maison de façon plus ou moins régulière. Pour l'enfant de la rue, la situation familiale est suffisamment saine pour que ce dernier désire partager ses revenus et être près de ses parents. En général, la mère est le chef de famille. Le père est souvent absent du tableau.

La situation des enfants vivant «dans» la rue diffère sur un point de grande importance: ils n'ont plus de famille ou d'adultes chez qui vivre. Ils sont laissés à eux-mêmes, donc extrêmement vulnérables. Ils doivent rapidement joindre un groupe d'enfants déjà existant pour leur protection. Avec ce groupe, ils commettront des délits pour leur survie. Ces bandes d'enfants consomment souvent de la colle et éventuellement d'autres drogues. Ils sont parfois armés, mais le fait qu'ils soient en bande leur donne déjà un bon avantage. Les enfants vivant dans la rue doivent se méfier des policiers qui cherchent à se débarrasser de cette «racaille», ou les forcent à partager leur butin de vol en échange de la vie sauve. Lorsque assistés par des travailleurs sociaux, les enfants se retrouvent dans des centres de détention pour mineurs. L'enfant ressort de ces centres de «rééducation» avec une haine encore plus profonde et la rage au cœur. Au centre, il s'est fait violer, battre, humilier par les plus vieux ou les responsables du centre. Il se retrouve de nouveau dans la rue avec la conviction que c'est en volant et par la violence qu'il gagnera le respect.

Les filles sont vulnérables aux agressions sexuelles des garçons plus âgés et des policiers, mais, de plus en plus, certaines deviennent chefs de bande.

On retrouve des bandes d'enfants dans les centres-villes, sur les plages, près des hôtels, des attractions et lors des concerts en plein air et des foires. Encore une fois, si vous êtes volé par une bande d'enfants, ne résistez pas. La vie est sans pitié pour eux. Ils n'en auront pas pour vous.

La campagne brésilienne

Dans un tout autre ordre d'idées, loin du béton armé des mégalopoles, les différents mouvements pro-environnementaux brésiliens sont en général extrêmement innovateurs et créatifs. Parallèlement à la monoculture du soja transgénique, appuyée par le gouvernement Lula à travers l'Instituto Brasileiro do Meio Ambiente e dos Recursos Naturais Renovaveis (IBAMA), soit l'Institut brésilien de l'environnement et des ressources naturelles renouvelables, celui-ci a le mandat de protéger la nature sous toutes ses formes.

De leur côté, les organisations non gouvernementales couvrent tous les secteurs de conscientisation environnementale. À titre d'exemple, le Clube da Semente do Brasil œuvre à la reforestation et à la préservation d'espèces d'arbres du Brésil, en plus de faire la promotion d'une meilleure qualité de vie. Quant à l'Instituto para o Desenvolvimento de Habitação Ecológica (IDHEA), il fait la promotion de la permaculture, un concept d'agriculture qui prône la culture permanente, telle que développée par les Australiens dans les années 1970. Les initiatives locales sont multiples, le désir d'éduquer la population est vif, et l'amélioration de la qualité de vie, le but principal. Les actions environnementales se multiplient, et la demande de participation est grande.

LES ARTS

Musique

Comprendre le Brésil passe certainement par la musique. La musique est omniprésente dans les boutiques, la rue, les bars et restaurants, sur la plage, dans les églises, bref, partout. Tous les genres musicaux se côtoient, créant souvent une cacophonie pour les tympans. Les tubes de l'heure passent plusieurs fois par jour à la radio. Vous vous surprendrez à fredonner le refrain du succès de l'été sans même vous en rendre compte. Plusieurs bars proposent des soirées avec de la musique *ao vivo* (en direct). Certains établissements se spécialisent dans un genre musical en particulier. D'autres sont connus pour être fréquentés par des musiciens qui s'y retrouvent avec leurs instruments. Les soirées improvisées sont souvent les plus charmantes. Vous croyez vous rendre dans un bar pour siroter une bière entre amis et des musiciens attablés se mettent à gratter les premiers accords d'une chanson populaire; le propriétaire éteint la radio derrière le bar; vos voisins se mettent à fredonner et se lèvent pour danser et, soudainement, la fête est à son paroxysme.

Sans décrire ici de manière exhaustive les différents styles musicaux du pays, voici plutôt un portrait de la musique brésilienne de ses origines jusqu'à nos jours.

Musique indigène

À l'époque de la colonisation, les musiques de plusieurs tribus sont exécutées en solo ou en chœur. Accompagnées de danses, de battements de mains ou de pieds, elles sont jouées sur des instruments comme des flûtes, des cors, des tambours et des crécelles.

Musique africaine

Les premiers esclaves débarquent au Brésil avec leurs musiques, leurs danses et leurs langues. Ils apportent la *macumba* et le candomblé, marquant ainsi une étape dans le fondement de la musique brésilienne. C'est à l'intérieur des *quilombos* (communautés fondées par les esclaves qui ont fui leur maître) que surgissent les premières formes de musique afro-brésilienne. Elles se transformeront par la suite en *afoxé, jongo, lundu, maracatu, maculelê, côco, maxixe*, samba et autres genres musicaux.

Musique catholique

Les pères des premières missions jésuites introduisent les notions élémentaires de musique européenne auprès des indigènes et leur présentent leurs instruments. À partir des rituels religieux catholiques naissent les premiers cultes folkloriques populaires comme le *reisado* et le *bumba meu boi*. La musique sacrée, les ballades mélancoliques et les *modas* portugaises influenceront la formation de la musique brésilienne.

Musique des barbiers

Au milieu du XVIIIe siècle surgirent, dans les États de Rio de Janeiro et de Bahia, les légendaires musiques de barbiers. Ce serait la première vraie manifestation de musique instrumentale populaire. Les barbiers interprètent très librement différents styles de l'heure. Charmants mais sans élégance, ils transforment rapidement leur image et deviennent les *complets* (costumes trois pièces) avec les groupes De Coreto, As Militares et le Choro. Ces groupes s'éteignent au milieu du siècle suivant.

Modinha

En 1750 arrive du Portugal la *modinha*, qui est à la source de l'aspect mélodique et romantique de la musique brésilienne. Ce genre influencera les compositions musicales jusqu'à la République, au début du XIXe siècle.

Lundu

En 1789, le *lundu* deviendra l'un des éléments embryonnaires à l'origine de la samba. Ce genre de musique est apporté par les esclaves *bantos* du Congo et de l'Angola.

Polka

Toujours à la fin du XVIIIe siècle, on présente pour la première fois un spectacle de polka (danse originaire de la Bohême) à Rio de Janeiro. Les *Cariocas* s'enthousiasment instantanément. En plus d'envahir les danses de salon, la polka s'infiltre aussi dans les théâtres, les rues, et va devenir encore plus populaire à travers les futurs groupes carnavalesques et de *choro*.

Opéra

Le maître compositeur brésilien Carlos Gomes (1836-1896) compose l'opéra *O Guarani*, basé sur le roman de José de Alencar. C'est alors que le Brésil entre dans le monde de l'opéra. Carlos Gomes fut l'un des plus grands compositeurs du XIXe siècle.

Maxixe

En 1875 naît le *maxixe*, la première danse en couple du genre musical moderne brésilien. Ce style est un mélange de *lundu*, de tango argentin, de *habanera* cubaine et de polka. En raison de son côté langoureux, on considère d'abord le *maxixe* comme scandaleux.

Choro

En 1880, le *choro* devient populaire à Rio de Janeiro à travers de petits groupes instrumentaux. Les fêtes auxquelles participaient les *chorões* étaient déjà appelées *pagodes*. C'est aussi l'époque des sérénades de fin de soirée.

Frevo

Le *frevo* surgit en 1890 dans la ville de Recife, dans l'État du Pernambuco. C'est l'un des plus importants genres musicaux et de danse au pays. Le *frevo* est un mélange de marche et de polka, joué à un rythme frénétique et contagieux, avec des chorégraphies individuelles improvisées. Le *frevo* s'inspire aussi de la capoeira. Les danseurs s'appuient sur des ombrelles ou des parapluies.

Marcha carnavalesca

La compositrice *carioca* Chiquinha Gonzaga (1847-1935) est la première femme à diriger un orchestre au Brésil. Elle compose la première marche carnavalesque de l'histoire du Brésil, *Ô Abre Alas*, qui connaît un immense succès et qui participera à l'émergence de la musique populaire brésilienne.

Candomblé et umbanda

En 1900, les rythmes du candomblé et de l'*umbanda* sont officiellement acceptés comme partie intégrante de la culture brésilienne. De cette façon se préservent les musiques aux bases polyrythmiques riches et des instruments tels que l'*agogô* (paire de cloches à vache), la *cuica* (instrument à friction caractéristique de la samba) et l'*atabaque* (tambour de descendance africaine).

Sertanejo

En 1914, les chansons *sertanejas* sont popularisées au sein des classes moyennes et de l'élite. Cette musique peut comprendre le *xaxado*, le *baião* et toutes les manifestations musicales des régions du Nord et du Nord-Est tels que le *forro* et le *côco*. Le *baião* est associé à l'État du Pernambuco. Ce genre de musique est de type rural, additionné d'influences indigènes, africaines et européennes. La chanson *Baião*, du *Pernambuco* Luiz Gonzaga (1912-1989), parue en 1946, connaît un succès retentissant du nord au sud. Le *baião* est ensuite transformé en un nouveau style musical révolutionnaire urbain.

Samba

L'an 1917 est considéré comme l'année «officielle» de la naissance de la samba. Cette année-là, le succès *Pelo telefone*, de Danga et Mauro Almeida, est enregistré sur disque, sortant ainsi la samba des favelas. La samba *carioca* typique est un mélange de *maxixe* avec des phrases rythmiques du folklore de Bahia. La samba ne tarde pas à se propager dans tout le pays et en vient à dominer le carnaval avec le groupe de musiciens dirigé par Ismael Silva. Ce dernier fonde la première école de samba Deixa Falar (Laisse Parler) dans le quartier d'Estácio da Sá. Sous la dictature de Getulio Vargas, la samba devient la musique «officielle» du Brésil.

Bossa-nova

À l'origine de la bossa-nova se trouve la samba *canção* (samba «chanson») des années 1920 à 1950. Ce type de samba, sous la forte influence du boléro, est plus lent, mélancolique, romantique, orchestral et introspectif. La bossa-nova est connue comme «samba du milieu de l'année», c'est-à-dire les sambas lancées après le Carnaval. La chanson *Dans mon île*, du Français Henri Salvador, a grandement influencé la bossa-nova.

En 1958, la chanson *Chega de Saudade* (António Carlos Jobim et de Vinícius de Moraes), enregistrée par Elizete Cardoso, introduit officiellement la bossa-nova dans la musique brésilienne. Inventeur de la bossa-nova, Jobim a écrit des chansons qui sont devenues à la fois des classiques de la musique populaire brésilienne et des standards du jazz. Il a entre autres composé la musique du film *Orfeu Negro* (1959), du réalisateur français Marcel Camus. Palme d'or au Festival international du film de Cannes (le film y a été présenté en version originale non sous-titrée, avec dialogues en portugais), cette œuvre cinématographique qui a suscité tant d'enthousiasme, en particulier en Europe, a révélé la musique brésilienne au monde.

João Gilberto y participe tout aussi activement. Même si le mouvement ne dure que six ans (1958-1963), il contribua à nombre de pièces du répertoire de jazz standard. Le premier *single*, et certainement le plus populaire, est l'enregistrement de Getz/Gilberto pour *The Girl from Ipanema*, avec la voix d'Astrud Gilberto (alors compagne de João Gilberto).

La samba des années 1960 est marquée par le début de la dictature militaire. Plusieurs musiciens de bossa-nova se tournent vers les favelas, où de grands sambistes – Cartola, Nelson Cavaquinho & Guilherme de Brito, Velha Guarda da Protela, Zé Keti et Clementina de Jesus, pour n'en citer que quelques-uns – sont encouragés à enregistrer leur premier album.

Dans les années 1970, les compositeurs et chanteurs de l'heure sont Paulinho da Viola, Martinho da Vila, Clara Nunes et Beth Carvalho. Dans les années 1980, la samba est temporairement éclipsée par les vagues de disco et de rock. Elle réapparaît avec la *Pagode*, un renouveau de la samba avec de nouveaux instruments et des paroles qui intègrent l'argot de la périphérie. Les artistes les plus populaires de ce nouveau style sont Zeca Pagodinho, Almir Guineto, le Grupo Fundo de Quintal, Jorge Aragão et Jovelina Pérola Negra.

MPB

En 1960 surgit le terme MPB (Musica Popular Brasileira) et, de décennie en décennie, il se dotera de nouveaux groupes et interprètes. La Jovem Guarda, Elis Regina, Chico Buarque, Ney Matogrosso, Milton Nascimento, Daniela Mercury, Djavan et bien d'autres s'inscrivent dans le courant MPB.

Jovem Guarda

En 1965, le chanteur Roberto Carlos est le véritable « roi de la jeunesse nationale » et devient le leader du mouvement *Jovem Guarda* avec une émission de télévision hebdomadaire sur TV Record de São Paulo. Avec ses acolytes Erasmo Carlos et Wanderléa, il accueille des invités tels qu'Edouardo Arauho, Martinha, Rosemary, Ronnie Von et Antonio Marcos. La *Jovem Guarda*, qui a vu le jour en 1963, est aussi connue pour son style *yê-yê-yê*, la version brésilienne du rock mondial, et est grandement influencée par le rock-and-roll américain et britannique de la fin des années 1950.

Tropicalismo

Le *tropicalismo* ou *tropicália* est un mouvement d'art de portée internationale qui s'établit à la fin des années 1960 et qui englobe entre autres le théâtre, la poésie et la musique. Au Brésil, la musique qui émerge du « tropicalisme » est un mélange de bossa-nova, de rock-and-roll, de musique folk de Bahia, de musique africaine et de fado.

L'« anthropophagie » est l'une des constructions musicales de ce mouvement, et elle se définit comme la fusion d'éléments musicaux de diverses cultures pour concocter un genre unique. L'album aux collaborations multiples, *Tropicalia*, ou *Panis et Circences*, est considéré comme le manifeste musical du mouvement, dont Caetano Veloso et Gilberto Gil sont vus comme les leaders. D'autres artistes tels que Gal Costa, Tom Zé, Torquato Neto et le groupe Os Mutantes sont aussi associés au mouvement. Plusieurs de ces artistes écrivent des textes politiquement engagés à la suite du coup d'État de 1964. Le tropicalisme et la *Jovem Guarda* sont à l'origine de la MPB. En 1969, les deux leaders du mouvement, Veloso et Gil, sont emprisonnés pendant un mois, puis sont exilés par le gouvernement militaire. Ils resteront à Londres jusqu'en 1972.

Funk

Le soul funk est typiquement issu de Rio de Janeiro et surgit dans les années 1970 dans les quartiers noirs pauvres. Les musiciens tels que Tim Maia, Gerson King Combo, Banda Black Rio, Carlos Dafé et bien d'autres sont associés à ce mouvement inspiré du mouvement funk américain. Les *bailes* (bals) *funk* débutent aussi dans les années 1970, dans les quartiers populaires, et regroupent des Noirs pauvres et de jeunes Blancs de classe moyenne. La fête mythique qu'est le *Baile da Pesada* lance ce type de bal en 1974. Dans les années 1990, les *bailes funk* sont de retour, mais cette fois sous l'égide du rap, composé d'échantillons et de l'interpolation d'autres musiques. Les paroles récurrentes du *funk carioca* décrivent des positions sexuelles de façon explicite, des fêtes funk, des raids policiers et la vie dans les favelas. L'argot et les hommages aux artistes résidents de la favela sont courants. Les *bailes funk* sont associés au trafic de la drogue. Ils sont dangereux parce que plusieurs fêtards viennent au bal armés, et tirent lorsqu'ils aiment la musique. Les bagarres sont souvent mortelles. Le mouvement hip-hop se dissocie du funk. Depuis une quinzaine d'années, le mouvement hip-hop est associé au mouvement des jeunes Afro-descendants au Brésil. Une grande partie de ses adhérents sont aussi membres du Parti communiste. La fonction sociale et politique du mouvement est représentée par le rappeur MV Bill et Nega Gizza, à l'origine de la fondation de la CUFA (Central Única das Favelas). La CUFA est implantée aujourd'hui dans presque tous les États du Brésil. Des cours de break dance, graffiti, audiovisuel, cuisine, écriture hip-hop, entre autres, sont offerts aux jeunes des favelas. Les textes parlent de la fierté d'être Afro-descendant, du développement de la conscience critique de la société, du passage à l'action pour changer sa condition de vie.

Rock pop électronique

Un renouveau de la MPB et de la pop électronique est observé vers la fin des années 1990. Une nouvelle génération de musiciens de tout le Brésil propose des fusions de musiques du Nord-Est et du folklore avec le genre musical du Sud-Est et la pop internationale. Des interprètes tels que Cazuza, Renato Russo et Chico Science meurent tous tragiquement en début de carrière, laissant un culte derrière eux. Le *mangue beat* de Chico Science est bien vivant à Recife, dans l'État du Pernambuco, avec Nação Zumbi, Mundo Livre et Mombojó. Cassia Eller, Chico Cesar, Carlinhos Brown, Guinga, Mombojó et bien d'autres font partie de cette nouvelle génération.

Du côté électro-pop, le Brésil danse aussi aux sons des disques-jockeys et des groupes de musique électronique tels que Rodrigo Moita et Cansei de Ser Sexy, internationalement connus.

Les Brésiliens écoutent de tout. Les chansons *brega* (quétaine, ringarde) sont en général de piètre qualité musicale. Cependant, les paroles racontent des histoires d'infidélité, de jalousie féminine et de règlements de comptes. On ne peut s'empêcher de rire des expressions crues utilisées. Certains musiciens et admirateurs préfèrent des styles musicaux plus purs et traditionnels. D'autres préfèrent la rencontre des genres. Quoi qu'il en soit, la musique est omniprésente. Elle tient le rôle de catalyseur. La musique rythme les journées de labeur répétitives, enivre, console et accompagne ses auditeurs. Laissez-vous envoûter par cette présence, elle vous conduira à sa source, dans un petit bar de quartier où des musiciens ont déjà conquis leur public fidèle ou de passage.

Littérature moderne et contemporaine

La culture brésilienne est bien connue pour sa samba, le *futebol*, la capoeira, ses plages et ses favelas. Cependant, d'autres aspects de la culture sont aussi extrêmement riches. C'est le cas de la littérature brésilienne. Si votre intérêt vous porte à lire des livres d'auteurs brésiliens, vous trouverez dans cette section un panorama des mouvements modernistes et contemporains. Plusieurs auteurs de chacun de ces mouvements ont été traduits en français. Il va sans dire que la lecture de quelques-uns de ces livres vous propulsera dans l'imaginaire, la poésie, le symbolisme, le réalisme et le surréalisme brésiliens. La littérature est un incontournable lorsqu'on désire s'imprégner d'une culture de façon plus intime. Il est aussi important de noter que le dynamisme littéraire brésilien reflète, d'une part, les mouvements occidentaux de la même période historique et, d'autre part, la singularité de sa réception, son interprétation et sa production en terre brésilienne.

Littérature moderne

Le mouvement moderniste s'amorce au Brésil avec la « Semaine d'art moderne » (SAM) en 1922. Des éléments d'avant-garde européens précédant la Première Guerre mondiale tels que le cubisme, le futurisme et le dadaïsme sont assimilés, en juxtaposant et mélangeant des fragments. Le pays s'industrialise, et le désir général est de « moderniser » la société et de renouveler la culture. Ce mouvement est marqué par la liberté de style et l'approximation de la langue écrite, qui s'apparente à la langue parlée. Le modernisme se divise en trois phases : la première, plus radicale, est fortement opposée à tout ce qui a été fait antérieurement; la deuxième, plus contenue, produira de grands romanciers et poètes; finalement, une troisième, aussi appelée « postmoderniste » par plusieurs auteurs, s'oppose d'une certaine façon à la première phase.

La première génération (1922-1930) se caractérise par des manifestations éphémères mais riches : le manifeste de poésie de gauche *Pau-Brasil* (1924-1925), suivi de celui d'extrême droite *Verde-Amarelismo* (1926-1929). Finalement, le manifeste *Regionalista* de 1926, avec pour ville de ralliement Recife, dans le Nord-Est, propo-

1

se le développement du modernisme dans cette région du Brésil.

Pour rompre avec les structures du passé, le mouvement s'empreint d'un caractère anarchique à forte portée destructrice. Les principaux auteurs de cette phase sont Guilherme de Almeida (1890-1969), Manuel Bandeira (1886-1968) et Oswald de Andrade (1890-1953), pour ne nommer que ceux-là. Les principales caractéristiques de la première phase du mouvement moderniste sont les suivantes :

- la recherche du moderne original et polémique;
- le nationalisme et ses multiples facettes;
- le retour aux origines et la valorisation de l'indigène authentiquement brésilien;
- la langue brésilienne parlée par les petites gens dans les rues;
- les parodies dans le but de repenser l'histoire et la littérature brésilienne;
- la posture nationaliste qui se sépare en deux branches :
  le nationalisme critique qui dénonce la réalité et s'identifie politiquement avec la gauche;
  le nationalisme utopique, exagéré, qui s'identifie avec les courants politiques d'extrême droite.

La deuxième génération (1930-1945) agrandit son univers thématique, et les artistes commencent à se préoccuper du destin des hommes et de sa place singulière dans le monde. C'est une période riche en production de poésie et de prose. La seconde phase du modernisme au Brésil recueille les résultats de la phase précédente, remplace le caractère destructif par une intention constructiviste. On assiste à une recomposition des valeurs ainsi qu'à la configuration d'un nouvel ordre esthétique. Les principales caractéristiques de cette phase sont de :

- repenser l'histoire nationale avec humour et ironie;
- questionner davantage la réalité et soi-même en tant qu'individu;
- questionner le rôle du poète;
- produire une littérature plus constructiviste et politisée;
- approfondir les relations du « moi » avec le monde, conscient de la fragilité du « moi »;
- définir des solutions collectives pour affronter des temps difficiles.

On se tourne vers le drame du monde et les bouleversements générés par le capitalisme. Une partie du courant s'oriente vers la spiritualité et l'intimisme avec Cecilia Meireles (1901-1964), Murilo Mendes (1901-1975), Jorge de Lima (1893-1953) et Vinícius de Moraes (1913-1980).

Les romans sont caractérisés par la dénonciation sociale et sont de véritables documents de la réalité brésilienne. Le degré de tension est élevé par rapport aux relations du « moi » avec le monde. C'est la recherche de l'homme brésilien dans les différentes régions du pays. La relation du personnage avec son milieu naturel et social est mise en valeur.

Les écrivains du Nord-Est méritent une mention spéciale pour la dénonciation de la réalité de cette région, peu connue des grands centres urbains brésiliens. Le premier roman du Nord-Est est *A Bagaceira*, de José Américo de Almeida (1887-1980). Ce genre de roman dépeint l'apparition de la réalité capitaliste, l'exploitation des individus, les mouvements migratoires, la misère, la faim, la sécheresse, etc.

Les principaux poètes de la deuxième génération moderniste sont Cassiano Ricardo (1895-1974) et Carlos Drummond de Andrade (1902-1987). Les grands romanciers de cette génération sont Érico Verissimo (1905-1975), Graciliano Ramos (1892-1953) et Jorge Amado (1912-2001).

Avec la troisième génération (1945-1978), la littérature brésilienne, tout comme la scène sociopolitique, se voit transformée. La prose et les nouvelles plongent dans une littérature intimiste qui sonde la psychologie des personnages. La forme est plus introspective, et le langage est recherché. Mentionnons à ce titre Clarice Lispector (1920-1977), Ferreira Gullar (1930-) et Mauro Mota (1911-1984).

Une nouvelle génération de poètes s'oppose aux conquêtes et aux innovations de la première génération de modernistes. Ces poètes nient la liberté formelle, l'ironie, les satires et autres «jeux» modernes, et cherchent une poésie plus équilibrée et plus sérieuse. Les modèles sont de nouveau les Parnassiens et les symbolistes. Les auteurs principaux sont Ledo Ivo (1924-), Geir de Campos (1924-1999) et Darcy Damasceno (1922-1988). À la fin des années 1940 apparaît un poète singulier: João Cabral de Melo Neto (1920-1999), considéré comme l'un des plus grands poètes du Brésil, et l'un des représentants majeurs de la «génération de 1945» soucieux des problèmes de forme et de recherches verbales.

Littérature contemporaine

La période contemporaine débute à partir des années 1960. La littérature est marquée par l'exploration de nouvelles avant-gardes poétiques comme le concrétisme, la poésie marginale et le tropicalisme (Paulo Leminsky, 1944-1989; Hilda Hilst, 1930-2004; Angélica Freitas, 1973-). La poésie concrète fait voler en éclats le formalisme de la langue écrite. Les poètes expérimentent différentes structures et s'attardent au format. On explore les moyens de diffusion visuelle, musicale, publicitaire et cinématographique. Décio Pignatari (1927-) et Haroldo de Campos (1929-2003) sont des exemples de poètes de ce courant.

La chronique atteint un statut de genre littéraire à grand déploiement (André Ramos, Fabio Yamato, Rick Lucas); le conte, avec sa narration courte (Caio Fernando de Abreu, 1948-1996; Sergio Faraco, 1940-), est grandement apprécié par le lecteur contemporain. Le roman est un autre genre qui s'approche du journalisme par son réalisme critique (Chico Buarque, 1944-; Nélida Pinon, 1937-; Josué Guimarães, 1921-1986; Lya Luft, 1938-). Les mémoires, sans être un genre littéraire populaire au Brésil, prennent de l'ampleur à partir des années 1970 et relatent la vie de l'auteur, mais aussi le processus de redémocratisation en cours. Certains auteurs évoquent la période sombre de la dictature (Fernando Gabeira et Flavio Tavares).

Finalement, la génération 1990 propose le roman «périphérique» amorcé par Fernando Bonassi (1962-) en 1994 et par Paulo Lins (1958-) avec *Cidade de Deus* en 1997. Ce roman sera porté à l'écran en 2002. Le roman «périphérique» est d'un réalisme brutal. Il amène au centre de la scène des personnages qui vivent dans les banlieues des grandes villes brésiliennes. Autre courant: celui de la condition post-moderne et de l'identité éclatée. Ce style littéraire véhicule une intimité extrême qui annule les frontières entre le réel et le fantastique, entre le monde décrit et les distorsions intérieures de celui qui l'écrit (Cristovão Tezza, 1952-; Bernardo Carvalho, 1960-).

Cinéma moderne et engagé

Pour les cinéphiles, le cinéma brésilien est un incontournable. Ce bref historique vous donnera l'envie de visionner les films réalisés au Brésil. La majorité d'entre eux sont maintenant disponibles sur la Toile avec sous-titres anglais ou français.

Précurseurs du Cinema novo

À l'époque du néoréalisme italien (1943-1955), on se demande, à Rio de Janeiro dans les années 1950, s'il est vraiment possible et souhaitable de transposer Hollywood au Brésil. Alex Viany réalise *Agulha no palheiro* (1953) et Nelson Pereira dos Santos filme *Rio, 40 graus* (1955). Ces deux films sont réalisés avec un petit budget et proposent une thématique populiste. Le film de Pereira dos Santos est interdit par la censure, ce qui déchaîne des manifestations d'étudiants et d'intellectuels. Les films produits dans les années 1950 sont difficilement distribués et n'atteignent pas un large public.

Orfeu Negro (1959), du réalisateur français Marcel Camus, est un très beau film basé sur le mythe d'Orphée et Eurydice, qui met de l'avant la pauvreté de Rio de Janeiro, les Noirs et Métis brésiliens, le Carnaval et la samba. À Salvador de Bahia, *Bahia de todos os Santos* (1960), de Trigueirinho Neto, et *Barravento* (1961), de Glauber Rocha, amorcent un nouveau cycle régional qui intéresse les cinéastes des autres États à la recherche de thématiques du Nord-Est; mentionnons *O pagador de Promessas* (1962), d'Anselmo Duarte, qui reçoit la Palme d'or au Festival de Cannes.

Cinema novo : cinéma engagé

En 1963, le mouvement du *Cinema novo* est lancé par trois films: *Os Fuzis*, de Ruy Guerra; *Deus e o diabo na terra do sol*, de Glauber Rocha, et *Vidas Secas*, de Nelson Pereira dos Santos. Tous ces films montrent un Brésil méconnu, empreint de conflits politiques et sociaux. À ses débuts, le *Cinema novo* est un mélange original de néoréalisme (par ses thèmes et ses formes de production) et de la Nouvelle Vague (par ses ruptures narratives). C'est Glauber Rocha qui définit les instruments du *Cinema novo* comme une «*uma câmara na mão e uma idéia na cabeça*» (une caméra en main et une idée en tête), avec un objectif: la construction de «l'esthétique de la faim» (la caractéristique principale du mouvement était d'allier le cinéma à la politique).

Après le coup d'État de 1964, les cinéastes (et le pays) s'interrogent sur le futur et les attitudes par rapport aux classes sociales. Les films marquants de ce second mouvement du *Cinema novo* sont *O Desafio* (1965), de Paulo César Saraceni; *Terra em transe* (1967), de Glauber Rocha, et *O Bravo guerreiro* (1968), de Gustavo Dahl.

Avec le resserrement de la dictature militaire à partir de 1968, les cinéastes doivent être prudents. Dans ce troisième mouvement, le *Cinema novo* se tourne vers le passé, l'histoire, les projections allégoriques de la période monarchique: *O Dragão da maldade contra o santo guerreiro* (1969), de Glauber Rocha, *Os Herdeiros* (1969) de Caca Diegues, *Os Deuses e os mortos* (1970), de Ruy Guerra.

20 INCONTOURNABLES DU CINÉMA BRÉSILIEN

Brasa Dormida, d'Humberto Mauro (1921)

Limite, de Mário Peixoto (1931)

Ganga Bruta, d'Humberto Mauro (1933)

Amei um Bicheiro, de Jorge Ileli (1953)

O Cangaceiro, de Lima Barreto (1953)

O Pagador de Promessas, d'Anselmo Duarte (1962)

Assalto ao Trem Pagador, de Roberto Farias (1962)

Vidas Secas, de Nelson Pereira dos Santos (1963)

Deus e o Diabo na Terra do Sol, de Glauber Rocha (1964)

Terra em Transe, de Glauber Rocha (1967)

O Bandido da Luz Vermelha, de Rogério Sganzerla (1968)

Macunaíma, de Joaquim Pedro de Andrade (1969)

Bye, Bye Brasil, de Carlos Diegues (1979)

Pixote, a Lei do Mais Fraco, d'Hector Babenco (1981)

Memórias do Cárcere, de Nelson Pereira dos Santos (1984)

Carlota Joaquina - Princesa do Brasil, de Carla Camurati (1995)

Central do Brasil, de Walter Salles (1998)

Abril Despedaçado, de Walter Salles (2001)

Cidade de Deus, de Fernando Meirelles et Katia Lund (2002)

Tropa de Elite, de José Padilha (2007)

Les décennies suivantes ressemblent à des montagnes russes pour le cinéma brésilien. Comme la dictature, l'industrie cinématographique connaît aussi des méandres de toutes sortes. Les années 1980 et la crise économique n'arrangent en rien les choses. Plusieurs documentaires et longs métrages sont quand même produits pendant cette décennie.

Dans les années 1990, sous le gouvernement de Fernando Collor, le ministère de la Culture, et les organes liés au cinéma et la culture, sont tout simplement fermés.

Cinéma contemporain

À partir de 1995, on commence à parler d'un « retour » du cinéma brésilien. De nouveaux mécanismes d'appui à la production basés sur les nouvelles lois fiscales et la vision néolibérale de la culture de marché sont créés. Le retour est stimulé par la nomination pour un Oscar du film *Central do Brasil* de Walter Salles en 1999. Ce film donne le pouls de cette nouvelle phase du cinéma brésilien : histoires bien construites avec une inclinaison pour les thématiques sociales qui parlent de la misère du peuple brésilien.

À partir de 2000, le cinéma commercial, qui avait été éclipsé par le *Cinema novo*, revient en force. Le premier succès de cette phase, le film *Cidade de Deus* (2002), de Fernando Meirelles et Katia Lund, est inspiré du style de Quentin Tarantino, mais

1

focalise sur les *favelas cariocas*. La thématique de la violence fit surestimer le film, et Fernando Meirelles mérita le titre du «nouveau Glauber Rocha», dont le fils, Erik Rocha (1978-), également cinéaste, rétablit les choses en août 2002 en affirmant à la presse *carioca* qu'on traitait ici de «cosmétique de la faim» et non d'une «esthétique de la faim». La cosmétique de la faim est définie par des réalisateurs issus d'agences de publicité qui produisent de bonnes histoires à contenu social. Loin d'eux le désir de changer le monde ou de provoquer une remise en question sociale. Ils visent la reconnaissance internationale et les bénéfices.

Il demeure que la production cinématographique brésilienne bourgeonne avec des films s'éloignant du cinéma commercial tels que *Madame Satã* (2002), de Karim Aïnouz, *Amarelo Manga* (2002), de Cláudio Assis, et *Benjamim* (2004), de Monique Gardenberg.

L'art contemporain

L'art dans les États du Sud-Est est souvent associé à l'artisanat ou à l'art naïf. C'est d'ailleurs ce que le visiteur trouve sur son passage dans les lieux plus touristiques. Un long séjour au Brésil permet de découvrir d'autres formes d'art. Il est d'ailleurs important de souligner que la production artistique brésilienne n'a rien à envier à la production européenne et nord-américaine. La Biennal International de São Paulo, créée en 1951, en est la preuve. Depuis sa fondation, cette biennale a permis à la production d'art brésilien d'obtenir une reconnaissance internationale. Les années post-dictatures ont été, en quelque sorte, les années noires de l'art brésilien. Cependant, depuis le milieu des années 1990, une nouvelle génération d'artistes se distingue par son engagement politique. La description qui suit montre l'évolution de l'art contemporain au Brésil et mentionne quelques-uns des artistes phares.

Dans les années 1950, les courants qui marquent l'art contemporain au Brésil sont le concrétisme, le néoconcrétisme et le pop art. Le pop art et le concrétisme ont en commun la préoccupation d'influencer la culture de masse. Le pop art légitime la citation, c'est-à-dire l'utilisation d'images déjà produites par d'autres artistes ou par l'industrie culturelle. Les principaux artistes sont Wesley Duke Lee (1931), Rubens Gerchman (1942), auteur de la sérigraphie *Lindonéia, a Gioconda do Suburbio*, et Claudio Tozzi (1944-), auteur de la toile *O Bandido da Luz Vermelha*.

Avec le néoconcrétisme, les artistes délaissent la peinture pour l'«installation», un genre qui mélange la peinture, la sculpture et les objets industrialisés dans des «environnements préparés» pour stimuler la perception sensorielle. Vient ensuite l'art conceptuel, qui utilise les photos, textes, objets et vidéos telles les œuvres de Cildo Meireles (1948-), Waltércio Caldas (1946-) et Regina Silveira (1939-). Variante du minimalisme, le post-minimalisme, aussi appelé l'«art pauvre» (utilisation minime de matériaux), influence nombre d'artistes. Les œuvres sont produites avec des matières naturelles, comme l'eau et la terre, ou industrielles, comme la ficelle et la corde.

À partir des années 1980, beaucoup s'approchent de la «trans-avant-garde», un courant parallèle au post-minimalisme qui revalorise la peinture, la sculpture et récupère le langage et les éléments du passé. Se distinguent trois artistes, plus particulièrement au début de leur carrière: Leda Catunha (1961-), José Leonilson (1957-1993) et Daniel Senise (1955-). Ils obtiennent une reconnaissance internationale. D'autres artistes innovent en employant des technologies qui, jusque-là, n'étaient pas considérées comme artistiques, telles que la photographie (Rosengela Renno, 1962-; Mario Cravo Neto, 1947-) et l'art vidéo (Rafael França et Diana Domingues). On mélange la technologie avec des éléments de la société préindustrielle, alliés à des objets personnels.

À la fin des années 1980 et au début des années 1990, l'«installation» continue d'être adoptée par plusieurs artistes, comme Nuno Ramos (1960-) et Jac Leirner (1961-), qui disposent des objets de la société de consommation en différentes séries. D'autres encore montrent de nouvelles possibilités d'exploration des langages traditionnels, comme le peintre Paulo Costa (1959-) et Beatriz Milhazes (1960-), les graveurs Laurita Salles et Claudio Mubarac, et d'autres artistes comme Paulo Monteiro (1961-), Ernesto Neto et Adriana Varejão. Si vous n'êtes pas un connaisseur en art contemporain, votre séjour au Brésil pourrait éveiller en vous une nouvelle passion.

LES CULTES RELIGIEUX ET LE SYNCRÉTISME RELIGIEUX

Le Brésil est un pays très diversifié sur le plan religieux, avec une tendance à la tolérance et la mobilité entre les religions. Cela dit, la culture populaire et les médias transmettent les stéréotypes liés à tous les cultes religieux. Si, dans votre environnement immédiat, personne ne peut vous renseigner sur le candomblé, on trouvera une tante, un oncle, l'ami d'un ami ou un voisin qui, lui, pourra vous l'expliquer. Chose certaine, on a parfois l'impression de se retrouver dans un supermarché des cultes religieux où le choix se fait selon le rabais hebdomadaire.

Le catholicisme et le Renouveau charismatique catholique

La population brésilienne est principalement chrétienne (89%), et le catholicisme en regroupe la plus grande partie. Héritage de la colonisation portugaise et des missions prédicatrices des Jésuites, le catholicisme était la religion officielle jusqu'à la constitution de la République en 1891. À partir de ce moment, le pays se laïcise. Tout au long du XXe siècle, on note une diminution de l'intérêt de la population pour les formes traditionnelles de la religion catholique dans le pays. Sur environ 74% de la population se disant catholique, 40% se disent catholiques non-pratiquants, et l'on estime à 20% le nombre de personnes qui assistent régulièrement à la messe. Ces 20% font en général partie des adeptes de la Renovação Carismática Católica, soit le Renouveau charismatique catholique, une section plus fondamentaliste qui rejette le syncrétisme religieux et incite à une expérience plus personnelle avec Dieu à travers l'Esprit saint.

Le protestantisme: pentecôtisme et évangélisme

Le protestantisme est la seconde religion d'importance au Brésil, avec plus de 26 millions d'adeptes. Les premières églises sont construites après l'ouverture des ports brésiliens aux «nations amies» au début du XIXe siècle. Les commerçants anglais qui s'établissent au Brésil fondent en 1811 l'Église anglicane. En 1824, les Allemands fondent l'Église luthérienne.

Avec l'arrivée de la Congrégation chrétienne et de l'Assemblée de Dieu en 1910, le pentecôtisme prend racine au Brésil. À partir de 1950, il se transforme sous l'influence de mouvements de «guérison divine» qui génèrent différentes dénominations telles que l'Église évangélique pentecôtiste. Dans les années 1970, le mouvement néo-pentecôtiste met l'accent sur la prospérité et fonde l'Église universelle du royaume de Dieu. Plus tard, dans les années 1980, d'autres Églises du même mouvement, et s'adressant aux classes moyennes, surgissent.

Un des facteurs qui contribue au succès de l'Église évangéliste au Brésil se trouve dans la production musicale inspirée des textes bibliques, car les Brésiliens sont friands de musique. De plus, la rigueur et la discipline véhiculées par l'Église évangéliste attirent les gens pauvres souvent à la recherche d'un cadre les aidant à s'affranchir de leurs différentes dépendances. C'est aussi un endroit où l'on envoie les enfants pour leur éviter de traîner dans la rue.

Le spiritisme

La doctrine spiritiste s'implante au Brésil peu de temps après sa fondation en France, au milieu du XIXe siècle. Le spiritisme s'est structuré à partir des dialogues établis entre le pédagogue français Hippolyte Léon Denizard Rivail (mieux connu sous le nom d'Allen Kardec) et des esprits. Plusieurs autres chercheurs de l'époque définissaient cette pratique comme la manifestation d'esprit de personnes défuntes à travers des médiums. Dans le but de comprendre la réalité de façon plus approfondie, la doctrine spiritiste propose d'établir un dialogue entre les trois formes classiques du savoir: scientifique, philosophique et religieuse. *Le Livre des Esprits*, écrit par Allen Kardec, est l'ouvrage de référence de cette pratique religieuse. Au Brésil, la majorité des spiritistes se disent aussi chrétiens.

Le Brésil est la plus grande nation spiritiste au monde, avec plus de 3 millions d'adeptes sur un total d'une dizaine de millions. De plus, 20 millions de Brésiliens sont sympathisants du spiritisme. L'humaniste et médium Chico Xavier, né au Brésil en 1910 et décédé en 2002, est le grand responsable de l'engouement pour le spiritisme au Brésil. Il a écrit plus de 400 ouvrages au cours de sa vie sur ses conversations avec les esprits.

Les cultes afro-brésiliens: candomblé, umbanda, macumba

Candomblé

Le candomblé, le culte des divinités *Orixás* aussi appelées *Voduns* ou encore *Nkisis*, a comme base l'*anima* (âme) de la nature. Religion animiste, elle se développe au Brésil avec l'arrivée des esclaves de l'Afrique occidentale (arrachés aux peuples Yoruba, Ewe, Fon et Bantu) et les rites et croyances des sacerdoces africains. Les divinités *Orixás* représentent sur la terre les forces de la nature. Chacune d'entre elles a une personnalité et un comportement terrestre. Être fils ou fille de telle divinité veut dire que notre personnalité y est associée et que cet *Orixá* nous protège plus particulièrement.

D'abord interdit, le candomblé prospère après l'abolition de l'esclavage. Les esclaves utilisent les noms des saints catholiques pour pouvoir continuer de célébrer les divinités *Orixás*. Aujourd'hui, des personnes de toutes les classes sociales participent à ce culte. Environ 3 millions de personnes en sont adeptes. Cependant, plus de 70 millions d'individus participent aux rituels de façon régulière ou occasionnelle. Les adeptes du candomblé sont discrets quant à leur pratique, et les *terreiros* (endroits où les rituels ont lieu) sont peu visibles. Il demeure que certaines fêtes rituelles font maintenant partie intégrante de la culture et du folklore brésilien. Contrairement aux propriétaires d'esclaves aux États-Unis, qui ont interdit à ces derniers d'utiliser leur tambour par peur qu'ils ne communiquent entre eux, l'usage des percussions ne fut jamais défendu au Brésil. La musique rituelle du candomblé est à la base du développement de la samba.

Umbanda

L'umbanda est un syncrétisme d'éléments spirituels africains, indigènes, catholiques et spiritistes. L'umbanda est fondé à la fin du XIXe siècle et incorpore la pratique de la magie blanche. Les adeptes consultent un médium qui personnifie un esprit provenant d'un des courants mentionnés ci-dessus. Ils discutent avec l'esprit afin d'obtenir de l'aide, des conseils pour leur vie, une cure et pour résoudre des problèmes spirituels divers. En raison de ses différentes racines, l'umbanda possède un caractère pluriel qui valorise les différences et la diversité. Il n'y a pas de dogmes ou de liturgie universellement adoptés par les pratiquants. Cela permet une grande liberté dans la manifestation de la croyance et dans les formes de culte. La maxime de l'umbanda est: «Donne gratuitement ce que tu as reçu gratuitement: avec amour, humilité, charité et foi.»

Macumba

La macumba est la ramification de l'umbanda qui pratique la magie noire. Les deux religions possèdent les mêmes *Orixás*, les mêmes entités, soit *Caboclos* (indigènes) et *Pretos Velhos* (vieux Noirs), et un lieu de culte similaire. Mais à la différence, la *Macumba* invoque plutôt des *Exus*, qui sont considérés comme des esprits de l'ignorance et de la stupidité. Une des pratiques les plus connues est «la tournée des *Exus*» qui se réalise à minuit. Les *Exus* «incorporent» les médiums et se mettent à boire, danser, fumer et dire des grossièretés. Pour les non-croyants, cette «tournée» peut tout aussi bien ressembler à n'importe quelle fête trop arrosée qui tour-

LES DIVINITÉS LES PLUS HONORÉES

Exu (masculin)

Exu est le messager des *Orixás* et la divinité qui permet le contact entre les *Orixás* et les êtres humains. Il est salué avant tout autre *Orixá*. C'est le plus humain de toutes les divinités; Exu est canaille et serviable à la fois. Il surveille les passages et régit les chemins. Ses offrandes sont les boissons alcoolisées; il apprécie particulièrement le rhum brésilien, la *cachaça*. Ses couleurs sont le noir et le rouge. Ses métaux sont le bronze, le fer et la terre. Son élément est le feu. Ses plantes sont le piment, l'ortie, l'*arruda* (rue officinale), la *salsa*, la menthe et le tabac.

Oxalá (masculin)

Oxalá est l'*Orixá* le plus ancien. C'est le père de tous les *Orixás*. Il régit la force et a le pouvoir de façonner la vie humaine. Il est généreux, pacifique et calme. Ses couleurs sont le blanc et le doré. On lui offre du miel, des chèvres, du maïs blanc et des pigeons.

Nanã (féminin)

Aussi appelée «Anamburucu», c'est l'*Orixá* la plus vieille. Elle régit la boue, matière première des hommes, la vieillesse et la mort. La rencontre entre les fleuves et la mer créant une eau trouble et vaseuse est aussi sous son égide. Ses couleurs sont les rouges de tons divers. Elle apprécie le maïs blanc, l'igname, l'aubergine, le chou rouge et le jus de raisin.

Ogum (masculin)

Ogum est l'*Orixá* du fer ainsi que le débroussailleur des chemins. Il régit l'agriculture, la chasse et la guerre. Il a découvert le feu et la forge et les a offerts aux humains. Il représente l'agressivité, la compétition, la force et l'énergie. Sa couleur est le bleu marine. Il aime les haricots noirs, la *feijoada* et les ignames.

Oxóssi (masculin)

Oxóssi est l'*Orixá* de la chasse et le protecteur des animaux. Il régit l'alimentation et l'abondance de nourriture. Il représente l'indépendance, la solitude et l'individualisme. Ses couleurs sont le vert ou le bleu turquoise. Ses offrandes sont le maïs vert, l'eucalyptus, les racines et les fruits.

Obaluaiê (masculin)

Obaluaiê régit la terre. Il est l'unique *Orixá* qui a su dominer la mort. C'est celui qui guérit les maladies mais aussi celui qui les donne. C'est le protecteur des médecins, des infirmiers et des malades. Ses couleurs sont le noir, le blanc et le rouge. Il a un faible pour l'huile de *dendê* (palme), le maïs soufflé sans sel et les haricots noirs.

ne mal, mais restons du côté des adeptes. La macumba utilise des «offrandes» ou un «paiement anticipé» d'animaux noirs comme des coqs et des poules. Des herbes en poudre, des objets de la personne à qui l'on veut faire du mal, des dents, ongles ou cheveux de personnes ou d'animaux sont aussi utilisés. Ces offrandes se font en général après minuit à une intersection de rues ou à un carrefour. Une autre pratique fréquente de la macumba est l'envoûtement que l'on réalise en fabriquant une poupée. Cette dernière est composée des vêtements appartenant à la personne

Xangô (masculin)

Xangô régit le feu et la justice. C'est l'*Orixá* des éclairs, de la foudre et du tonnerre. Il est autoritaire et fort. Ses couleurs sont le rouge et le blanc. Il aime particulièrement le gombo.

Iansã (féminin)

Divinité qui régit les vents et les pluies. Elle est la protectrice des vierges. C'est aussi une guerrière au tempérament passionné. Ses couleurs sont le rouge, le blanc et le brun. Ses offrandes sont les légumes de couleur rouge et les feuilles de salades.

Oxum (féminin)

Oxum régit les eaux douces et les chutes. C'est la divinité de la beauté, de l'amour et de la richesse. Elle entretient une relation profonde avec le monde spirituel. Sa couleur est le jaune ou le doré. On lui offre des haricots, de la crème de riz, des œufs durs, des chèvres et des poules.

Iemanjá (féminin)

Iemanjá régit les eaux salées et les courants marins. C'est l'*Orixá* mère et la déesse de la fertilité. Elle est la protectrice des pêcheurs, des enfants et des familles. Ses couleurs sont le bleu clair, le blanc, le vert et le rose. Ses plantes sont les fleurs d'oranger et de jasmin ainsi que les orchidées. Elle affectionne particulièrement le lait de coco et le riz sucré.

Obá (féminin)

Orixá du pouvoir féminin, de la maison et des travaux féminins. Ses couleurs sont le doré et le rouge. Elle accepte des offrandes telles que les poules, l'*acarajé* et l'*abará* (mets bahianais associés au candomblé).

Ossãe (féminin)

Divinité des feuilles. Elle régit les boisés et les forêts, et fournit les plantes médicinales et les herbes pour les offrandes. Ses couleurs sont le vert et le rose clair. Ossãe apprécie la menthe, les racines et l'igname.

Oxumaré (masculin-féminin)

Oxumaré est l'*Orixá* de l'arc-en-ciel, l'un des ponts de communication entre la terre et le ciel. Il régit aussi le bien-être et l'abondance. C'est le seul *Orixá* qui est mâle durant une partie de l'année et ensuite femelle. Ses couleurs sont celles de l'arc-en-ciel. Il (ou elle) accepte rarement des offrandes. De l'eau pure lui est offerte en certaines occasions.

à qui l'on veut faire du mal. On transperce ensuite la poupée d'aiguilles. Au Brésil, on craint la macumba et on utilise ce terme pour toutes les infortunes qui arrivent. Si vos amis brésiliens ont une connaissance de ce culte et que vous passez près d'une « offrande », observez la réaction de vos compagnons. Ils blêmiront certainement et partageront avec vous leur anxiété d'avoir peut-être été envoûtés en passant si près d'une « offrande ».

Le *Santo Daime*

Le *Santo Daime* est une manifestation religieuse originaire de l'État amazonien de l'Acre. Il surgit au début du XXe siècle. C'est une doctrine spirituelle qui a comme base l'utilisation sacrée d'une boisson enthéogénique (qui «éveille la divinité intérieure»), l'*ayahuasca*, décoction d'une liane (*Banisteriopsis caapi*) et de feuilles d'un arbuste (*Psychotria viridis*). Cette boisson est bue afin de catalyser les processus intérieurs et spirituels pour la guérison et le bien-être de l'individu. La doctrine a été fondée et diffusée par un agriculteur, descendant d'esclaves, du nom de Raimundo Irineu Serra. Le *Santo Daime* est une pratique spirituelle essentiellement individuelle et vise l'internalisation des moyens d'obtenir la sagesse. Lors de ces rituels, la musique et la danse ont une place prépondérante. Après 18 ans d'attente, la Comissão Nacional Anti-Drogas (CONAD), organe actuel du ministère de la Justice brésilien, légalise en 2004 l'utilisation de l'*ayahuasca* aux fins rituelles du *Santo Daime*. On retrouve des satellites du *Santo Daime* en Espagne, aux Pays-Bas, aux États-Unis, au Canada, au Japon, au Chili et dans plusieurs autres pays.

Les festivités nationales

Lorsqu'on s'installe au Brésil pour une période plus au moins longue, on remarque tout de suite le nombre important de fêtes nationales. Si vous travaillez en milieu scolaire ou si vous étudiez, demandez le calendrier pédagogique en arrivant. Cela vous évitera de vous cogner constamment le nez à une porte verrouillée pour cause de fête nationale. On a parfois l'impression que les fêtes nationales prennent le dessus sur les jours de travail. Outre les fêtes, les réunions syndicales et les grèves constantes sont aussi à considérer. On vous présente ici seulement un petit nombre de ces congés.

Iemanjá, Orixá de la mer

Iemanjá est l'*Orixá* féminin des mers et de la fertilité. Elle est considérée comme la mère de plusieurs *Orixás*. C'est l'un des *Orixás* les plus célébrés au Brésil. Une des plus importantes commémorations en l'honneur de Iemanjá a lieu le dernier jour de l'année sur diverses plages du littoral. Avant et après les feux d'artifice marquant le passage de la nouvelle année, les adeptes offrent à l'*Orixá* des fleurs, des chandelles blanches et du parfum. Ces offrandes sont laissées sur la plage ou déposées dans le ressac des vagues de la mer.

La ville de Salvador de Bahia ainsi que d'autres villes du sud du pays célèbrent la fête de Iemanjá le 2 février. On la fête aussi le 8 décembre en syncrétisme avec Nossa Senhora da Conceição da Praia (l'Immaculée Conception), patronne de la ville de Salvador de Bahia. Ce jour-là, les *terreiros* (lieux de culte) sont installés sur la plage. Au Brésil, Iemanjá représente la mère qui protège ses enfants à n'importe quel prix.

Noël, le Nouvel An et la «fête des Rois»

Au Brésil, Noël est en plein été. On célèbre en famille et avec les amis intimes, et on échange des cadeaux. La tradition portugaise a laissé comme emprunt culinaire la morue séchée, que l'on apprête à toutes les sauces, et un plat de lentilles pour favoriser la chance et la prospérité. La messe de minuit est aussi célébrée selon le rituel catholique.

La commémoration du passage à la nouvelle année se célèbre dans tout le Brésil. Des millions de personnes se rendent aux plages vêtues de blanc, symbole de la paix et couleur de l'*Orixá* Iemanjá. Sur les plages principales, les feux d'artifice marquent le début du Nouvel An. Dans les églises, une messe solennelle est alors célébrée.

La «fête des Rois» commence au début de la nouvelle année et se termine le 6 janvier. Cette célébration catholique symbolise la visite des Rois mages à l'enfant Jésus. La tradition d'échange de cadeaux à Noël vient d'ailleurs des présents apportés par les Rois mages à l'enfant Jésus. Aujourd'hui, la «fête des Rois» implique la visite de maison en maison faite par des groupes organisés pour demander des «cadeaux» à des fins philanthropiques. Ces groupes sont généralement déguisés en Rois mages et se composent de gens qui s'improvisent musiciens le temps de ces festivités.

Le Carnaval

L'origine du Carnaval au Brésil vient de l'*entrudo* portugais, pendant lequel, dans le passé, on tirait sur autrui de l'eau, des œufs et de la farine. L'*entrudo* avait lieu avant le Carême et correspondait au moment qui permet toutes les libertés. L'*entrudo* se tenait quatre jours avant le mercredi des Cendres. Cette tradition est toujours en vigueur, mais les dates du carnaval sont mobiles. Au cours de l'histoire, le Carnaval prit aussi le sens du moment où l'on inverse les rôles: les hommes deviennent des femmes et les pauvres deviennent des riches. Aujourd'hui, les costumes ont des thématiques variées. Les *blocos* (blocs) du Carnaval sont des groupes qui se préparent tout au long de l'année, dans le cas de la classe moyenne, et le jour même, pour les pauvres. Les pauvres n'ont pas de temps libre pour ce genre de préparatifs. Ils défilent aux couleurs et aux sons associés au thème choisi. Les écoles de samba de Rio de Janeiro et de São Paulo, quant à elles, conservent les mêmes couleurs depuis leur fondation. Les capitales des États sont les endroits où les foules convergent, mais il est à noter que le Carnaval est aussi célébré dans les petites villes. La musique étant une particularité régionale, chaque région danse aux sons de musiques locales. La samba n'est donc pas la danse du Carnaval pour tout le Brésil. Les endroits de célébrations les plus populaires sont Rio de Janeiro (samba), Salvador de Bahia (Trio Elétrico) et Recife-Olinda (*frevo*, samba, etc.).

La majorité de la population brésilienne attend impatiemment le Carnaval, année après année. Par ailleurs, il est à noter qu'un certain nombre de Brésiliens abhorrent le Carnaval. D'autres encore n'ont tout simplement pas les moyens ou ont trop faim pour sortir festoyer dans les rues. Ceux qui en ont les moyens s'arrangent pour sortir de la ville et se réfugier dans un endroit calme à l'abri des tumultes pendant et après le Carnaval. Vivre le carnaval de Rio est une expérience riche en intensité pour la personne nouvellement arrivée. Soyez prêt à vous fondre dans un bain de foule de centaines de milliers de personnes, à vous faire toucher par des mains inconnues, à vous faire embrasser par des gens masqués et à vous perdre dans les nuits carnavalesques. En général, les Brésiliens se regroupent dans la maison d'amis vivant au centre des festivités, ou louent une maison ou un appartement (inflation du prix de location de 1000%, surtout si vous êtes un étranger). On se déplace en petits groupes pendant le Carnaval, car c'est plus sûr et plus divertissant.

La Semaine sainte

Les activités associées à la célébration de la Semaine sainte sont organisées par l'Église catholique. Dans les petites villes de campagne, elles sont suivies avec rigueur. Dans les grands centres urbains, on célèbre seulement les messes principales. Le rituel de base commence le vendredi, 10 jours avant le dimanche de Pâques. Ce jour-là, les images de la Vierge et du Christ sont retirées des églises. Le dimanche des Rameaux, une procession a lieu, et les rameaux (on utilise des feuilles de palmier au Brésil) sont bénis. On croit en leur pouvoir curatif et protecteur. Le Lundi saint, les icônes retournent à leur place dans l'église et sont couvertes d'un tissu de satin violet. Le Jeudi saint, l'Eucharistie est célébrée et est suivie d'une nuit de veille où les tissus sont retirés des icônes. Le Vendredi saint, aucune messe n'est célébrée, mais la croix est descendue de son socle lorsque la nuit tombe et une procession s'ensuit. Ce soir-là, une dramatisation de la Passion du Christ a lieu. Le samedi à minuit, une procession de l'Alléluia marche dans les rues pour annoncer la Résurrection. Finalement, le dimanche de Pâques, la Sainte Messe est célébrée. Pour les non-croyants, cette semaine est généralement réservée pour un séjour en famille ou entre amis au bord de la mer.

La fête des Mères

Au Brésil, la fête des Mères est la célébration qui réjouit les commerçants! On dépense plus pour maman que pour les cadeaux de Noël. Cet hommage à toutes les mères se tient le deuxième dimanche de mai et est célébré depuis 1921. La fête fait partie du calendrier officiel de l'Église catholique depuis 1947.

Bumba Meu Boi (fête du Bœuf)

La fête du Bœuf recrée l'univers symbolique brésilien, hérité des indigènes, des Portugais et des Africains. La fête du Bœuf est célébrée nationalement, mais elle endosse les couleurs régionales des différents États. On la célèbre en général vers la fin du mois de juin, mais dans certaines régions elle a lieu pendant les fêtes de Noël ou le Carnaval. L'histoire de la fête du Bœuf raconte qu'une esclave du nom de Mãe Catirina (toujours un homme travesti en femme dans la dramatisation), épouse de Pai Francisco, est enceinte. Pendant sa grossesse, lui vient le désir de manger la langue du plus beau bœuf de la ferme de son maître. Son mari, voulant satisfaire son désir, tue le bœuf. Lorsque le maître découvre le crime de Pai Francisco, il envoie ses hommes accompagnés d'indigènes à sa poursuite. Ces derniers connaissent bien la région et retrouvent le criminel. Pour éviter la mort, Pai Francisco doit ressusciter l'animal. Pour ce faire, il demande l'aide de guérisseurs. Une fois les rituels des guérisseurs terminés, le bœuf revient à la vie, pour le bonheur de tous, et Pai Francesco est libéré.

Les festivités du mois de juin

Les fêtes du mois de juin correspondent aux célébrations païennes du solstice d'été célébrées le 24 juin. Au Portugal, elles prirent les noms des saints catholiques à partir du Moyen Âge. D'origine portugaise, ces fêtes devinrent rapidement colorées de l'influence indigène et afro-brésilienne. La fête de saint Antoine, patron des mariages, est célébrée le 13 juin; saint Jean et ses feux, le 24 juin; saint Pierre, patron des pêcheurs, le 29 juin; saint Martial, compagnon de Pierre ayant fait de multiples miracles, clôt les fêtes de juin.

Les fêtes du mois de juin sont célébrées dans le nord-est et le nord du Brésil, mais aussi dans les régions intérieures du pays. Vivant dans une région semi-aride, les habitants du Nord-Est remercient à cette époque de l'année les saints pour la pluie tombée sur leurs terres. Comme ces fêtes correspondent à la cueillette du maïs, plusieurs plats et desserts typiques à base de cette céréale accompagnent les festivités.

Des danses de quadrille, la danse *forro*, des bingos, des tirages, de faux mariages et des feux de bois font partie intégrante des rites des fêtes de juin. On se costume aussi en paysans et paysannes.

Les Brésiliens adorent fêter. C'est une façon d'exorciser tous les petits maux quotidiens qui s'accumulent. Cet état d'esprit est contagieux, et vous vous retrouverez rapidement avec plus de rencontres sociales que de rendez-vous d'affaires à votre agenda. C'est une façon agréable de vous imprégner de la culture locale.

1

2

LA VIE QUOTIDIENNE AU BRÉSIL

L'INTÉRÊT D'UNE CONNAISSANCE DE BASE DE LA LANGUE

Si votre but en vous rendant au Brésil est éventuellement d'y séjourner pour une certaine période, de réseauter pour vos affaires, de poursuivre vos études ou de faire une résidence d'artiste, vous devez apprendre le portugais brésilien. Dans un premier temps, parce que la grande majorité des Brésiliens ne parlent pas l'anglais ou une autre langue. Dans un deuxième temps, parce que la transmission de la culture passe par la langue. Le portugais brésilien est une langue agréable à l'oreille, et une langue latine, donc assez près du français, mais encore plus de l'espagnol. Il est donc recommandé de prendre un cours de portugais quelques mois avant votre départ et de vous assurer que votre professeur vient bien du Brésil, car les lusophones, qu'ils soient du Brésil, du Portugal, du Cap-Vert, de l'Angola ou même du Timor oriental (où le portugais est l'une des langues officielles), ne se comprennent pas si facilement entre eux.

À défaut de pouvoir prendre des cours privés, la méthode Assimil donne de bons résultats. Partez avec les bases de la langue et vous verrez qu'une fois sur place vous ferez des progrès à pas de géant. Les Brésiliens communiquent beaucoup, et il est tout à fait normal de converser avec le vendeur au kiosque de journaux, le gardien de l'immeuble ou une personne à l'arrêt d'autobus. On parle d'actualité, de la vie du quartier, de la violence, de la misère, de la nouvelle *telenovela*, du dernier scandale politique, des prévisions météorologiques, etc.

Vous serez heureux de comprendre ce dont les gens discutent autour de vous. Et vous remarquerez que l'humour brésilien est parfois bien gras, mais souvent subtil et noir. Vous pourrez enfin comprendre le sens des paroles de votre bossa-nova favorite, et une culture riche et haute en couleur s'ouvrira à vous.

LA LANGUE PORTUGAISE

Le portugais est né au milieu du XIIe siècle à partir du latin, auquel s'est ajoutée l'influence du grec, de l'arabe et du celte. Le Portugal a commencé la « conquête du monde » avant l'Espagne et la France. Au XVIe siècle, ce pays contrôlait un immense empire dans l'océan Indien et le golfe Persique, ainsi que dans les mers de Chine et du Japon. Puis l'expansion coloniale s'est poursuivie au Brésil au XVIIe siècle et en Afrique au XIXe siècle (Angola, Mozambique, Guinée-Bissau, îles du Cap-Vert, îles de São Tomé et Principe).

On ne dénombre que deux pays où le portugais est la langue maternelle de la majorité de la population : le Portugal et le Brésil. Le Portugal compte 10,7 millions d'habitants dont 97% parlent le portugais. Le Brésil a dépassé depuis longtemps la mère patrie par le nombre de ses locuteurs lusophones. En effet, 86% des 198 millions d'habitants de cet immense pays ont le portugais comme langue maternelle. En Afrique, le portugais se présente comme une importante *lingua franca*. Dans le monde, il occupe le cinquième rang des langues les plus parlées.

L'écriture

Le portugais s'écrit au moyen de l'alphabet latin. S'y ajoutent des signes diacritiques (tilde sur les voyelles *a* et *o*, cédille, accent circonflexe, tréma, accent aigu, accent grave) et des digrammes : *nh* (équivalant au *ñ* espagnol), *lh* (équivalant au *ll* espagnol) et *ch*.

Le portugais brésilien

Le portugais brésilien diffère du portugais des autres pays lusophones. Il a incorporé quelques mots d'origine africaine et autochtone, par assimilation des dialectes parlés au Brésil pendant la colonisation.

La prononciation

/a/ Il peut être fermé ou ouvert, selon la syllabe tonique où il se trouve : *fala* [fala] **parle**.
Il est toujours ouvert lorsqu'il comporte un accent : *ágil* [àgil] **agile**.

/ã/ Se prononce *ain* : *lã* [lan] **laine**.

/ão/ Se prononce *a-on* : *eles são* [saon] **ils sont**. Ce son doit se prononcer d'un seul trait et il est nasal. C'est toujours une syllabe forte. Le pluriel des mots terminés en *-ão* peut être formé par la terminaison *-ãos*, *-ãs* ou *-ões*.

/am/ À la fin du mot se prononce *a-on* : *eles falam* [falaon] **ils parlent**. Malgré la différence d'orthographe, ce son est identique à celui mentionné ci-dessus. Par contre, /am/ se trouve dans la syllabe la moins accentuée du mot.

/c/ Tout comme en français, le *c* est doux devant *i* et *e*, et se prononce alors comme un *s* : *cerro* [sérrou] **butte**. Devant les autres voyelles, il est dur : *carro* [karrou] **voiture**.

/ç/ Devant *a, o, u* se prononce *ss* : *praça* [prassa] **place**, *caroço* [karôssou] **noyau**.

/d/ Dans certaines parties du Brésil, comme au Minas Gerais, à Rio, à Goiás, à l'intérieur de l'État de São Paulo, le *d* se prononce *dj* seulement quand suivi de *i* ou de *e* réduit (*e* qui se prononce *i* : pour explication voir ci-dessous). Par exemple : *verde* [verdi] ou [verdji] **vert**.

/e/ En syllabe tonique et en syllabe accentuée, il est ouvert : *belo* [bèlou] **beau**, *ébano* [èbano] **ébène**.
Quand il se trouve en syllabe finale non accentuée, il se prononce *i* semi-prononcé : *verde* [verdi] **vert**.
Quand il est seul, *e* se prononce toujours *i*.
Au milieu des mots, sans accentuation, se prononce *é* : *senhora* [ségnora] **madame**.

/g/ Comme le *c*, le *g* est doux devant *i* et *e* : *gelo* [jélou] **glace**.

Devant les autres voyelles, il est dur : *golfo* [gôoufou] **golfe**.

/ch/ Se prononce *ch*, comme dans « chèque ».

/h/ Ne se prononce pas : *hora* [òra] **heure**.

/j/ Se prononce comme en français : *jarro* [jarrou] **pot**, *jovem* [jòvéin] **jeune**.

/l/ Entre voyelles, le *l* se prononce de la même manière qu'en français. À la fin d'une syllabe, se prononce *ou*, par exemple : *Brasil* [braziou] **Brésil**, *cálculo* [caoucoulou] **calcul**.

/lh/ Se prononce avec un roulement léger de la langue sur le palais : *molha* [mòlla] **mouille**, *velho* [vèllou] **vieux**. Il n'a pas vraiment d'équivalent en français.

/m/ À la fin des mots, il sert à nasaliser la voyelle, par exemple : *manequim* [manékin] **mannequin**.

/em/ Se prononce *éin* : *passagem* [passajéin] **billet**.

QUELQUES CONSEILS

- Lisez à haute voix.
- Écoutez des chansons du Brésil en essayant de comprendre certains mots. Prenez note que dans de nombreuses chansons brésiliennes, c'est l'accent de Rio qu'on entend.
- Faites des associations d'idées pour mieux retenir les mots et le système linguistique. Ainsi, en brésilien, retenez qu'une terminaison en *o* désigne presque toujours un mot masculin, tandis que les terminaisons en *a* sont généralement réservées aux mots féminins. À titre d'exemple, le prénom Pedro est masculin, alors que Carla est féminin.
- Faites aussi des liens entre le français et le brésilien. Par exemple, « dernier » se dit *último* en brésilien, un terme voisin d'« ultime » en français. Dans le même ordre d'idées, « excusez-moi » se traduit par *desculpe-me, desculpe, perdão*, alors qu'on dit également en français « se disculper ».
- Essayez par ailleurs de déduire par vous-même les dérivés de certains mots courants tels que *lento* et *lentamente* pour « lent » et « lentement ». Vous élargirez ainsi plus rapidement votre vocabulaire.
- Écoutez les radios brésiliennes sur Internet, comme par exemple www.inconfidencia.com.br.

/o/ Se prononce toujours avec le son fermé quand la syllabe est non accentuée : *cor* [côr] **couleur**.
À la fin du mot, il se prononce *ou* : *carro* [karrou] **voiture**. Par contre, la conjonction *ou* **ou** se prononce *o*, par exemple dans l'expression *ou um ou outro* [o oum o ooutrou] **ou l'un ou l'autre**.
Il est ouvert quand la syllabe est tonique ou accentuée : *cola* [kòla] **colle**, *órbita* [òrbita] **orbite**.

/ões/ Se prononce *oins* : *aviões* [àvioins] **des avions**.

/nh/ Se prononce comme le *gn* de « beigne » : *senhor* [ségnor] **monsieur**.

/r/ Plus roulé et moins guttural qu'en français, sauf au début du mot, où il est toujours guttural : *natureza* [naturéza] **nature**.

/rr/ Moins roulé et guttural comme en français : *carro* [karrou] **voiture**.

/qu/ Utilisé avant *e* et *i* se prononce *k* : *quente* [kéinti] **chaud**, *quieto* [kiètou] **tranquille**.
Devant les autres voyelles se prononce *kou* : *quando* [kouaindou] **quand**.

/s/ En début de mot ou doublé (*ss*) se prononce comme en français.
Se prononce comme le *z* de « zèbre » entre deux voyelles : *casa* [kaza] **maison**
Se prononce comme le *s* de « silence » devant une consonne ou à la fin du mot : *dois* [doïs] **deux**.

/u/ Se prononce toujours *ou*: *curto* [kourtou] **court**.

/t/ Dans certaines parties du Brésil, comme au Minas Gerais, à Rio, à Goiás, à l'intérieur de l'État de São Paulo, le *t* se prononce *tch* seulement quand suivi de *i* ou de *e* réduit (*e* qui se prononce *i*). Par exemple: *tio* [tiou] ou [tchiou] **oncle**.

/x/ Peut se prononcer *ch*: *xarope* [charòpi] **sirop**;
kss: *tóxico* [tòkssikou] **toxique**;
z: *exemplo* [ézéimplou] **exemple**;
ss: *máximo* [màssimou] **maximum**.

/z/ Se prononce *z* avant une voyelle: *zero* [zèrou] **zéro**.
Se prononce comme le *s* de «silence» à la fin du mot: *paz* [pàs] **paix**.

Dans l'alphabet portugais dont découle le brésilien, les lettres *k*, *w* et *y* n'existent pas. Par contre, nous pouvons les retrouver dans quelques mots et prénoms étrangers.

Toutes les autres lettres se prononcent comme en français.

L'accentuation

En brésilien, tout comme en français, nous avons les accents aigu et grave pour moduler les syllabes. Il y a un autre accent important: le **tilde (~)**, qui sert à nasaliser les voyelles: *pão* [paon] **pain**. Quant à l'accent circonflexe, il module légèrement la syllabe tonique en fermant le son de la voyelle.

L'**accent tonique brésilien** est de **type lexical**, c'est-à-dire que le mot conserve toujours le même accent quelle que soit sa place dans la phrase, alors qu'en français le mot perd son accent au profit du groupe de mots **(accent syntaxique)**.

En brésilien, chaque mot comporte une syllabe plus accentuée, **la syllabe tonique**, qui est très importante, s'avérant souvent nécessaire pour que votre interlocuteur vous comprenne. Si, dans un mot, une voyelle porte un accent aigu, c'est cette syllabe qui doit être accentuée, car, dans le cas contraire, cela peut changer la signification du mot ou exprimer un temps de verbe différent comme dans les cas suivants:

*canta**rá***	(futur)
*can**ta**ra*	(plus-que-parfait)
***cân**tara*	(nom)
*calcu**lou***	(passé simple)
*cal**cu**lo*	(présent)
***cál**culo*	(nom)
*deposit**ou***	(passé simple)
*depo**si**to*	(présent)
*de**pó**sito*	(nom)

S'il n'y a pas d'accent sur le mot, il faut suivre la simple règle qui consiste à accentuer l'avant-dernière syllabe de tout mot qui se termine par une voyelle: *a**mi**go*, ***ca**sa*, ***bar**co*.

On doit accentuer la prononciation de la dernière syllabe (syllabe tonique) de tout mot qui se termine par une consonne sauf *s* (pluriel des noms et adjectifs) ou *m* (pluriel des verbes): *a**mi**gos*, ***fa**lam*, *àl**cool***, *men**tol***, *a**zul***, *na**riz***, *cor**rer***.

Quelques règles essentielles de grammaire

Le féminin et le masculin

En brésilien, les mots masculins se terminent souvent par *o* et les mots féminins par *a*.

- ***Par exemple :***

A lua	**La lune**
O castelo	**Le château**

Cependant, il y a des exceptions.

- ***Par exemple :***

O sol	**Le soleil**
O pai	**Le père**
O problema	**Le problème**
A mulher	**La femme**
A mão	**La main**

Élimination du pronom personnel

En brésilien, le pronom personnel pour les premières personnes du verbe (**je** et **nous**) est généralement omis. Ainsi, pour dire **je voyage beaucoup**, on ne dit pas *eu viajo muito*, mais plutôt *viajo muito*. Aussi, pour l'impératif, le pronom est généralement omis pour toutes les phrases verbales : on ne dit pas *você vem comigo* mais plutôt *vem comigo*. Par contre, dans une question, le pronom est toujours présent : *Você vem comigo?*

En brésilien, on n'utilise que très rarement la deuxième personne *tu* et *vós* (**tu** et **vous**). Pour se référer à l'interlocuteur, les mots *você* (singulier) et *vocês* (pluriel) sont toujours utilisés. La conjugaison suit la forme de la troisième personne *ele, ela, eles, elas* (**il**, **elle**, **ils**, **elles**).

- ***Par exemple :***

Vou à praia.	**Je vais à la plage.**
Caminhamos juntos.	**Nous marchons ensemble.**
Você mora em Montreal.	**Tu habites à Montréal.**
Vocês falam Português.	**Vous parlez portugais.**
Para fazer você feliz.	**Pour te rendre heureux/euse.**

La négation

L'usage de la négation est très simple en brésilien. Il suffit de mettre *não* devant le verbe.

- ***Par exemple :***

Não vou à praia.	**Je ne vais pas à la plage.**
Não caminhamos juntos.	**Nous ne marchons pas ensemble.**

Dans la négation, l'utilisation du pronom personnel est cependant plus fréquente et sert à mettre l'accent sur la personne. Il faut alors placer *não* entre le pronom personnel et le verbe.

- ***Par exemple :***

Ele não come carne.	**Il ne mange pas de viande.**
Você não vem comigo?	**Ne viens-tu pas avec moi?**

L'article partitif

L'article partitif «du» et son pluriel «des» n'existent pas en brésilien.

• ***Par exemple:***

Comemos pão. **Nous mangeons du pain.**
Compro roupas. **J'achète des vêtements.**

L'article défini

L'article défini est utilisé comme en français, soit devant le mot qu'il désigne. La seule différence est qu'au pluriel l'article défini s'accorde en genre.

Au féminin pluriel:
As flores **Les fleurs**
As bibliotecas **Les bibliothèques**

Au masculin pluriel:
Os cadernos **Les cahiers**
Os livros **Les livres**

O est équivalent de «le» en français (masculin singulier).

• ***Par exemple:***

O cão **Le chien**
O gato **Le chat**

A est l'équivalent de «la» en français (féminin singulier).

• ***Par exemple:***

A praia **La plage**

L'article indéfini

L'article indéfini s'utilise comme en français au singulier. Cependant, l'article indéfini s'accorde en genre au pluriel.

• ***Par exemple:***

Au féminin pluriel:

Umas amigas **Des amies**
Umas mesas **Des tables**

Au masculin pluriel:

Uns amigos **Des amis**
Uns copos **Des verres**

Au singulier, l'article indéfini masculin est *um*.

• ***Par exemple:***

Um amigo **Un ami**

Au singulier, l'article indéfini féminin est *uma*.

• ***Par exemple:***

Uma casa **Une maison**

Le pronom personnel sujet

En français, la forme polie pour s'adresser à une ou plusieurs personnes consiste à remplacer le «tu» par le «vous». En brésilien, la forme polie pour s'adresser à quelqu'un est de remplacer le pronom *você* par *o senhor* (masculin) ou *a senhora* (féminin) au singulier et, au pluriel, de remplacer le pronom *vocês* par *os senhores* (masculin) ou *as senhoras* (féminin). La conjugaison verbale reste à la troisième personne, comme pour *você e vocês*.

Vous êtes un très bon guide.
*O se**nho**r / a se**nho**ra é muito bom **gui**a / boa **gui**a.*

Avez-vous une chambre libre?
*O se**nho**r / a se**nho**ra tem um **quar**to **li**vre?*

Vous êtes très aimables.
*Os se**nho**res / as se**nho**ras são muito amavéis.*

Savez-vous qui est le chauffeur?
*Os se**nho**res / as se**nho**ras **sa**bem quem é o moto**ris**ta?*

Les verbes

Il y a, en brésilien comme en français, trois groupes de verbes qui se distinguent d'après les terminaisons de l'infinitif qui sont *-ar*, *-er* et *-ir*. Une observation importante: en brésilien on n'utilise pas souvent la deuxième personne, sauf dans les régions de l'extrême nord ou de l'extrême sud du Brésil où l'on emploie seulement la deuxième personne du singulier (*tu*). La deuxième personne du pluriel est utilisée seulement pour la langue littéraire et poétique. La forme courante pour s'adresser à quelqu'un est d'employer le verbe à la troisième personne avec le pronom *você*, ou au pluriel *vocês*.

	Français	***Brésilien***
1re pers. du singulier	**Je**	*Eu*
2e pers. du singulier	**Tu**	*Tu (o senhor / a senhora, você)*
3e pers. du singulier	**Il, Elle**	*Ele, Ela*
1re pers. du pluriel	**Nous**	*Nós*
2e pers. du pluriel	**Vous**	*Vós (os senhores / as senhoras, vocês)*
3e pers. du pluriel	**Ils, Elles**	*Eles, Elas*

La conjugaison des verbes

Les verbes en brésilien se divisent en trois groupes selon leur terminaison, soit *-ar*, *-er*, *-ir*. Sauf les verbes irréguliers, les verbes qui ont la même terminaison suivent la même conjugaison.

Une caractéristique marquante du brésilien est l'usage du pronom *você* pour s'adresser à la deuxième personne «tu», et au pluriel *vocês* pour s'adresser à «vous». *Você* et *vocês* sont toujours suivis du verbe à la troisième personne.

Pour l'expression de la politesse, il est usuel de s'adresser aux gens par *o senhor* (le monsieur) ou *a senhora* (la madame) selon le genre, et au pluriel *os senhores* ou *as senhoras*. Comme c'est le cas pour l'usage de *você*, les pronoms de politesse sont aussi suivis du verbe conjugué à la troisième personne.

Le verbe « être »

En brésilien, le verbe « être » s'exprime par deux verbes irréguliers : *ser* et *estar*.

Ser exprime l'existence et, d'une manière générale, un état permanent. Plus spécifiquement :

a) l'occupation

Je suis touriste. — *Eu sou turista.* — [**é**ou sô tour**is**ta]

b) la couleur

Le manteau est noir. — *O casaco é preto.* — [Ou caz**a**cou è **pré**tou]

c) la qualité

La piscine est petite. — *A piscina é pequena.* — [a pi**ssi**na è pé**ké**na]

d) la possession

C'est le passeport de Maria. — *O pasaporte é de Maria.* — [ou passa**pòr**ti è di mar**ia**]

e) l'origine

Tu es du Brésil. — *Você é do Brasil.* — [vô**ssé** è dou Bra**zïou**]

f) la nationalité

Ana est Brésilienne. — *Ana é Brasileira.* — [**A**na è brazi**lei**ra]

g) la matière

La boîte est en cuir. — *A caixa é de couro.* — [a **kai**cha è di **kô**rou]

Estar permet de situer une personne ou un objet et indique, d'une manière générale, un état temporaire; ce verbe sert à localiser les personnes ou les objets et à décrire les états ponctuels.

a) **Je suis (vais) bien.** — *Estou bem.* — [est**ô** béin]

b) **Anne est (se trouve) à Rio.** — *Anne está no Rio.* — [**A**na es**tà** nou R**i**ou]

LA VIE QUOTIDIENNE AU BRÉSIL

ÊTRE – *SER*

Infinitif – *Infinitivo*

Simple	***Simples***	**Composé**	***Composto***
être	*ser*	avoir été	*ter sido*

Participe – *Participio*

Présent	***Gerúndio***	**Passé**	***Passado***
étant	***sen**do*	été	***si**do*
		ayant été	***ten**do **si**do*

Indicatif – *Indicativo*

Présent	***Presente***
Je suis	*Eu sou*
Tu es	*Você é (Tu és)*
Elle est	*Ela é*
Nous sommes	*Nós **so**mos*
Vous êtes	*Vocês são*
Elles sont	*Elas sãos*

ÊTRE — *ESTAR*

Infinitif – *Infinitivo*

Simple	***Simples***	**Composé**	***Composto***
être	*es**tar***	avoir été	*ter es**ta**do*

Participe – *Participio*

Présent	***Gerúndio***	**Passé**	***Passado***
étant	*es**tan**do*	été ayant été	*es**ta**do* ***ten**do es**ta**do*

Indicatif – *Indicativo*

Présent	***Presente***
Je suis	*Eu es**tou***
Tu es	*Você es**tá** (Tu es**tás**)*
Il est	*Ele es**tá***
Nous sommes	*Nós es**ta**mos*
Vous êtes	*Vocês es**tão***
Ils sont	*Eles es**tão***

Le verbe « avoir »

L'équivalent du verbe « avoir » en brésilien est le verbe irrégulier *ter*.

AVOIR — *TER*

Infinitif – *Infinitivo*

Simple	***Simples***	**Composé**	***Composto***
avoir	*ter*	avoir eu	*ter **ti**do*

Participe – *Participio*

Présent	***Gerúndio***	**Passé**	***Passado***
ayant	***ten**do*	eu/e ayant eu	***ti**do/a* ***ten**do **ti**do*

Indicatif – *Indicativo*

Présent	***Presente***
J'ai	*Eu **te**nho*
Tu as	*Você tem (Tu tens)*
Elle a	*Ela tem*
Nous avons	*Nós **te**mos*
Vous avez	*Vocês **têm***
Elles ont	*Elas **têm***

D'autres verbes

Infinitif

ouvrir	*abrir*	[a**brir**]
aller	*ir*	[**ir**]
venir	*vir*	[**vir**]
donner	*dar*	[**dar**]
pouvoir	*poder*	[pô**dér**]
vouloir	*querer*	[ké**rér**]
parler	*falar*	[fa**lar**]
manger	*comer*	[kô**mér**]

LE SYSTÈME D'ÉDUCATION[1]

L'éducation au Brésil est encore aujourd'hui un défi de taille. Les réformes du système d'éducation ne peuvent pas avancer sans l'éradication de la pauvreté. On comprend que des enfants et des adultes affamés sont dans l'impossibilité de se concentrer en classe et d'y trouver quelque intérêt. On sait aussi que la malnutrition dans les premières années de vie a des conséquences néfastes et importantes sur la capacité d'apprentissage des enfants. La société brésilienne est tout à fait consciente de ce problème de taille, et c'est d'un effort herculéen que le Brésil a besoin pour remédier à ce drame humain et social.

Le Brésil est un État fédéral. Chacune des instances de la fédération (soit le district fédéral de Brasilia et les 26 États) est responsable d'un niveau d'enseignement. L'enseignement supérieur relève des directives du pouvoir central et le secondaire, des États fédéraux. L'enseignement *fundamental* (école primaire d'une durée de huit ans), les écoles maternelles et les crèches sont sous la tutelle des municipalités. Les établissements scolaires ont une certaine autonomie en ce qui a trait aux choix pédagogiques; ils gèrent leur personnel et leurs ressources, et assurent le respect des jours de classe et de l'emploi du temps imposés par la loi.

La performance des élèves est aujourd'hui évaluée à chacun des niveaux de scolarité:

L'*Enem* (l'Examen national de l'enseignement moyen) doit être passé au cours de la dernière année de l'école secondaire.

JOURNÉE TYPE DU TRAVAILLEUR BRÉSILIEN DE CLASSE MOYENNE

Les Brésiliens sont généralement des lève-tôt. La journée débute entre 5h et 7h du matin. Certains s'occupent des travaux ménagers ou en parlent avec la domestique avant de partir. D'autres se rendent au gymnase ou dans un parc pour faire un peu de sport. Le petit déjeuner est surtout pris sur le pouce: un café au lait et des *bolachas* (craquelins) à la maison ou un sandwich avec du fromage et un café au bistro du coin, sur le chemin du bureau. La journée de travail commence entre 8h et 10h, selon les entreprises. En général, les cadres supérieurs arrivent en dernier. Le déjeuner dure environ deux heures et commence vers midi. Les cadres et employés en profitent souvent pour manger avec des clients ou des amis qui travaillent dans les environs. Pas question de manger devant son ordinateur! Si une réunion n'est pas fixée en début d'après-midi, les travailleurs ne reviennent pas nécessairement au bureau à 14h pile. Les journées de travail sont théoriquement d'une durée de huit heures, mais en général les travailleurs restent plus tard, jusqu'en début de soirée. Le retour à la maison se fait donc entre 17h et 20h. S'ils n'ont pas de domestique qui aurait laissé un plat cuisiné, ils passent par le supermarché avant de rentrer à la maison. Ils peuvent aussi rencontrer des clients ou des amis pour dîner dans un restaurant. Les Brésiliens font de longues journées de travail, entrecoupées de moments qu'ils prennent pour régler leurs affaires personnelles.

L'Examen national des formations, dit *Provão* (grande épreuve), est destiné aux élèves de première et dernière années du premier cycle universitaire. À partir des résultats de ces examens, le gouvernement établit une classification des universités.

Depuis 2004, une nouvelle modalité d'évaluation, appelée *Sinaes* (Système national d'évaluation de l'enseignement supérieur), évalue chaque formation par domaine de connaissance.

Les meilleurs établissements universitaires sont gratuits. Mais n'entre pas qui veut : il faut d'excellents résultats scolaires... qui sont généralement obtenus par les enfants des classes socioéconomiques plus aisées, ces derniers ayant fréquenté des écoles privées avec des ressources et des professeurs bien payés. L'accès gratuit aux universités fédérales est donc réservé, en pratique, aux jeunes les mieux nantis. Ils ont été préparés à passer le concours appelé *vestibular*, dans une école privée payante, et peuvent même suivre un *curso pré-vestibular*, d'une durée de six mois à un an. Pendant ce temps, ceux dont les résultats scolaires sont les moins probants, souvent les plus pauvres, étudient dans les universités privées coûteuses.

Très peu d'individus se rendent à l'université. Depuis la fin des années 1990, des mesures importantes ont été prises pour améliorer le système d'éducation. Et s'il est trop tôt pour analyser leurs répercussions, une transformation de taille semble s'être mise en action. Le FUNDEF, un fonds qui distribue des allocations pour que les municipalités pauvres reçoivent plus d'aide à l'éducation, se révèle être un instrument d'équité et permet notamment aux professeurs de recevoir une augmentation de salaire.

Des mesures concrètes sont mises en œuvre pour améliorer le niveau d'éducation en milieu défavorisé : les enfants des campagnes, les indigènes et les enfants handicapés profitent d'un service de transport gratuit. Les repas et les manuels scolaires sont gratuits dans les écoles publiques et dans les villages indigènes. Plusieurs programmes ont été mis sur pied. Les plus importants sont le programme *Brasil alfabetizado*, créé en 2003, qui a permis d'alphabétiser 3 millions d'adultes (plus de 10% de la population était analphabète au Brésil en 2004), et les programmes de TV Escola (chaîne reçue par 56 000 écoles). Ces programmes visent à offrir aux enseignants la possibilité de poursuivre une formation universitaire, et ainsi devenir titulaires d'un diplôme de cycle supérieur.

Un système de quotas a aussi été mis en place dans les universités. Cette mesure vise à augmenter les chances d'entrée à l'université pour les jeunes moins favorisés, issus de l'école publique. Maintenant, 50% des places dans les universités fédérales gratuites leur sont réservées. De plus, une partie de ces places seront octroyées aux étudiants noirs et indigènes, au prorata de ces populations pour chacun des États.

Finalement, un dernier programme consiste à attribuer aux jeunes de familles pauvres et aux enseignants d'écoles primaires et secondaires les places vacantes dans les universités privées. Encore une fois, les buts visés sont l'accès à l'université et l'augmentation du nombre d'enseignants titulaires d'un diplôme d'études universitaires.

Par contre, en observant le quotidien des écoles publiques, force est de constater que les initiatives et programmes existent, mais leur implantation n'est pas toujours réussie. Des changements qui se produisent à pas de tortue peuvent devenir un problème pour un pays se voulant l'une des forces économiques montantes. Le défi du Brésil continue d'être l'éradication de l'analphabétisme et l'amélioration de l'éducation à tous les niveaux, plus particulièrement à l'école primaire.

LA TÉLÉVISION BRÉSILIENNE

Au Brésil, après le réfrigérateur, le téléviseur est probablement le deuxième bien de consommation qui symbolise une certaine réussite matérielle. Beaucoup de gens pauvres vivent dans une maison en ruine où le téléviseur trône fièrement. La majorité des émissions de télévision s'adressent à la masse: le contenu est pauvre, les stéréotypes et les préjugés pleuvent, et les publicités abondent. La télévision fait partie de la culture brésilienne contemporaine, et vous y serez confronté dans nombre de bars et restaurants. Demandez une place dos à la télévision et observez les téléspectateurs attablés. Cela risque d'être beaucoup plus divertissant. À moins que ce ne soit la *telenovela* de l'heure!

L'empire et l'emprise de la Globo

La chaîne de télévision Globo est l'une des plus importantes en Amérique latine et la quatrième au monde avec plus de 80 millions de téléspectateurs tous les jours. La télévision Globo et ses productions sont basées à Rio de Janeiro, et son réseau de nouvelles, à São Paulo.

Globo est aujourd'hui le réseau de télévision le plus important du Brésil. Les *telenovelas*, le soccer et le téléjournal jouissent des cotes d'écoute les plus élevées.

Depuis ses débuts, la Globo est en étroit partenariat avec le pouvoir politique de droite. Le clientélisme est un phénomène important au Brésil, et les médias en sont aussi affectés. Les autres stations appartiennent à des politiciens qui y installent un frère, un cousin ou un grand-oncle comme «directeur polichinelle». De plus, en raison du nombre de téléspectateurs, le réseau TV Globo est en position d'exercer une influence sur tout, mais particulièrement sur les résultats des élections locales et nationales.

En 1989, lors de l'élection présidentielle, TV Globo met en ondes le débat politique final entre Fernando Collor et Lula. Globo montre le débat de façon à ce que Collor reçoive plus de temps d'antenne. Globo juxtapose aussi les réponses les plus éloquentes de Collor aux moins éloquentes de Lula. Ce n'est que plusieurs années plus tard que des excuses publiques furent faites et qu'une loi électorale fut votée afin d'interdire aux chaînes de télévision de présenter des débats politiques après avoir effectué un montage.

Au-delà de Citoyen Kane

En 1993, Channel Four de la BBC a réalisé un documentaire intitulé *Beyond Citizen Kane*, sur le pouvoir et l'influence de la chaîne Globo au Brésil. Le documentaire obtient la participation de nombre de figures politiques et culturelles opposées à TV Globo. Le documentaire est censuré au Brésil dès sa sortie. On y décrit son propriétaire, Roberto Marinho (1904-2003), comme le Staline des médias, l'homme le plus puissant de la République pouvant faire la pluie et le beau temps.

Les *telenovelas*

Les *telenovelas* brésiliennes, aujourd'hui présentées partout dans le monde, existent depuis l'avènement de la télévision. La *telenovela* prend son origine dans les feuilletons radiodiffusés. On mise sur un contenu sentimental, moralisateur et optimiste, lequel revêt des trames policières, d'aventures, de comédies, de suspenses et d'énigmes, mais évite les fins tragiques. Les thèmes archétypes de la *telenovela*, de ses débuts à nos jours, sont l'amour, la haine, l'honnêteté, les secrets et les mystères. Un jeu complexe se tisse entre le bien et le mal, les riches et les pauvres, la justice et l'injustice, les héros et les vilains, le bonheur et la tristesse, les triomphes et les déboires. Le drame pour le public est de tout savoir dès le premier épisode et de ne pouvoir rien y faire sinon espérer le dernier segment, pour finalement être gratifié de sa patience par la victoire du héros et le rétablissement de l'ordre moral.

Au Brésil, TV Globo est la championne des cotes d'écoute des *telenovelas*. Tous les soirs, du lundi au samedi, TV Globo diffuse trois *telenovelas* inédites, et cela, 12 mois par année: la *novela das seis* diffusée à 18h, la *novela das sete* diffusée à 19h et la *novela das oito* diffusée à 21h (elle était auparavant à 20h, mais fut déplacée pour faire place au téléjournal).

Les Brésiliens adorent les *telenovelas*. Leur durée est de sept à huit mois, ce qui laisse à tous amplement le temps de connaître les personnages. La passion de la *telenovela* chez certains est excessive; ils ne manqueraient pour rien au monde un seul épisode. Défi pratiquement impossible à relever si l'on considère que le téléspectateur doit être disponible six soirs par semaine. Vous entendrez donc des conversations dans les transports en commun et dans les files d'attente sur la *telenovela* de l'heure, généralement celle de 21h. Ces conversations ont surtout lieu entre la gent féminine, mais depuis les années 1970, presque autant d'hommes que de femmes suivent les *telenovelas*. On raconte à sa collègue l'épisode de la veille ou celui que l'interlocutrice aurait manqué. Ces échanges sont ponctués de commentaires sur les personnages, sur les possibles dénouements d'une énigme ou d'un mystère. Les personnages marquants des *telenovelas* laissent leurs empreintes dans la mémoire collective. Des expressions extirpées de ces personnages sont intégrées dans le langage de façon humoristique. Une des premières choses à faire, après avoir appris une base de portugais, est de vous renseigner sur les *telenovelas* du moment et de vous joindre aux autres devant la télévision que vous trouverez dans nombre de restaurants. Populiste certes, mais tout de même un incontournable du quotidien brésilien.

LES SPORTS

Le *futebol*

Il est difficile de savoir ce qui vient en premier dans l'imaginaire collectif à propos du Brésil: la samba, le Carnaval ou le *futebol* (soccer)? Certains habitants appellent le Brésil le «pays du football» – *O pais do futebol*. Les partisans vous le diront: l'équipe brésilienne est celle qui joue le plus beau *futebol*. Il y a assurément une grâce, une agilité, une rapidité et une passion qui font des joueurs brésiliens les grands favoris.

Comme pour tout le reste, *Paulistanos* et *Cariocas* veulent être de la ville où le *futebol* a commencé au Brésil. Il y a donc deux théories. La première dit que ce sport fut introduit par un jeune *Paulistano* du nom de Charles Miller, qui, rentrant de l'Angleterre en 1894 après ses études, rapporta avec lui deux ballons de *futebol*. Il organisa en 1895 la première partie en sol brésilien, entre des Anglais et des Anglo-Brésiliens fonctionnaires de la compagnie de pétrole et de chemin de fer. L'autre théorie veut que ce sport ait été pratiqué au Brésil dès les années 1870, par des marins étrangers qui jouaient sur les plages *cariocas*.

Le *futebol* demeure un sport amateur jusque dans les années 1930, malgré les débuts de la Coupe d'Amérique en 1916. Le première Coupe du monde a lieu en 1930, mais a été mise de côté durant la Seconde Guerre mondiale. La Coupe du monde a lieu au Brésil en 1950. Celui-ci perd contre l'Uruguay 2 à 1. Depuis, le Brésil a gagné cinq fois la Coupe du monde FIFA (Fédération internationale de football association), et Ronaldinho Gaucho a été élu meilleur joueur au monde à deux reprises par cette même fédération. Aujourd'hui, les joueurs de *futebol* de la sélection brésilienne se retrouvent seulement lors de la Coupe du monde,

VOICI LES PRINCIPALES ÉQUIPES:

- **Atlético Mineiro** (Minas Gerais)
- **Atlético Paranaense** (Parana)
- **Bahia** (Bahia)
- **Botafogo** (Rio de Janeiro)
- **Corinthians** (São Paulo)
- **Coritiba** (Parana)
- **Cruzeiro** (Minas Gerais)
- **Flamengo** (Rio de Janeiro)
- **Fluminense** (Rio de Janeiro)
- **Goias** (Goias)
- **Grêmio** (Rio Grande do Sul)
- **Internacional** (Rio Grande do Sul)
- **Palmeiras** (São Paulo)
- **Santos** (São Paulo)
- **São Paulo** (São Paulo)
- **Sport** (Pernambuco)
- **Vasco da Gama** (Rio de Janeiro)
- **Vitoria** (Bahia)

puisqu'on se les arrache à gros prix dans les clubs européens. Le *futebol* féminin est à ses débuts d'organisation professionnelle au Brésil, avec la Coupe du Brésil de *futebol* féminin dont le premier tournoi a eu lieu en 2007.

Au Brésil, vous devrez choisir votre équipe préférée. En général, vous choisissez une équipe locale et une autre de Rio de Janeiro ou de São Paulo. Le Championnat brésilien de *futebol*, mieux connu sous le nom de *Brasileirão*, a lieu entre mai et décembre. Vous pourrez voir du *futebol* alternativement les mercredi et jeudi soirs, et les samedi et dimanche après-midis.

L'équipe Flamengo de Rio de Janeiro est celle qui compte le plus de partisans (près de 33 millions). Vient ensuite le Corinthians (São Paulo) avec quelque 24 millions d'adeptes. Le São Paulo, le Palmeiras et le Vasco da Gama comptent chacun plus de 10 millions d'adeptes. Comme un peu partout ailleurs, les soirs de matchs, ces partisans finissent par faire suffisamment de grabuge pour que les forces de l'ordre s'en mêlent. Souvent, le tout se termine avec plusieurs blessés, et même des morts.

Au Brésil, on joue aussi au *futebol de areia* (football sur la plage) et au *futsal* (football en salle). Dans les grandes villes, vous trouverez des endroits où pratiquer le *futebol* qui sont ouverts 24 heures sur 24.

La capoeira

À la fois danse et art martial, la capoeira est pratiquée dans tout le pays. Les jeunes adeptes y trouvent une discipline qui exerce une influence positive sur leur comportement et leurs interactions avec les autres. Plusieurs projets communautaires et éducatifs incluent cet art martial comme activité.

La capoeira a été développée par les esclaves qui s'unirent contre leurs oppresseurs. Elle est certainement pratiquée depuis le XVIIIe siècle. Au début, les maîtres laissent «jouer» leurs esclaves. Puis, la capoeira fut considérée comme subversive, et sa pratique fut prohibée avec une sentence de torture et de prison pour les capoeristes.

La capoeira se «joue» (*jogar capoeira*). Le mouvement de base est la *ginga*, qui rappelle un mouvement de danse. La capoeira pourrait être définie comme un mélange de danse, d'attaque, de défense et de mouvements acrobatiques rappelant la gymnastique au sol. Elle est accompagnée de musique, dont l'instrument de base est le *pandeiro* (tambourin) et le *berimbau*; un instrument à une corde fixée en arc sur une calebasse. On utilise souvent trois *berimbaus* de grosseurs différentes qui produisent des tonalités plus ou moins graves. La hiérarchie est très importante à l'intérieur de la capoeira, et l'on appelle le professeur «maître» (*mestre*).

Deux styles de capoeira sont reconnus comme fondateurs: l'*angola* et le *regional*. Ils sont souvent mélangés. Le style *angola* est le plus près de la façon dont les esclaves jouaient. La désignation *angola* vient du fait que, malgré leurs différentes origines africaines, on disait des esclaves qu'ils venaient d'Angola. Elle se caractérise par une façon d'être jouée plus lente, près du sol, avec des mouvements furtifs. Elle est aussi plus stratégique: plus de feintes, de dissimulations, de subterfuges et de subtilités sont employés. La musique est aussi plus lente, et une batterie complète d'instruments la compose. L'icône de ce style est le Mestre Pastinha, qui inaugura en 1941 le Centro Esportivo de Capoeira Angola.

Le style *regional* fut créé par le Mestre Bimba (Manoel dos Reis Machado) dans les années 1930. Fin connaisseur de la capoeira Angola, Mestre Bimba ajouta d'autres figures d'arts martiaux comme la lutte Batuque, la savate, le judo, le jiu-jitsu et la lutte libre. Il systématisa la méthode d'enseignement de la capoeira. Une hiérarchie et un code de conduite plus rigides furent instaurés. En 1932, Mestre Bimba fonda, à Salvador de Bahia, le Centro de Cultura Fisica e Capoeira Regional da Bahia. En 1937, le président Getulio Vargas légalisa la pratique de la capoeira, la décrivant comme un sport authentiquement brésilien.

Vous verrez des groupes de capoeira s'entraîner un peu partout sur les places publiques et au bord de la mer. On peut parler d'une sous-culture en soi. Plusieurs groupes de capoeira voyagent dans tout le pays pour se donner en spectacle et ensuite utiliser l'argent pour construire une académie ou la rénover. Bref, l'argent retourne généralement à la communauté. La capoeira donne une certaine structure et discipline aux jeunes. La plupart des *mestres* sont sérieux, mais d'autres sont à la recherche de la bagarre et du profit personnel. La capoeira souffre aussi du culte du corps, et plusieurs capoeiristes prennent des hormones ou des protéines pour gonfler leurs muscles. On trouve peu de femmes dans les groupes nomades, mais plusieurs à l'échelle locale. Les capoeiristes sont en général issus de la classe moyenne basse.

LE JEU

La loterie existe depuis 1784 au Brésil. Elle fut réglementée par Dom Pedro II en 1844. Les premiers distributeurs de la Loteria Federal do Brasil étaient des particuliers choisis par des concours publics. On leur cédait une concession d'exploitation pour une durée de cinq ans. En 1950, le gouvernement fédéral décida que ce service devait être exploité par le pouvoir public, et non pas par des particuliers.

Malgré un salaire minimum mensuel de 415 reais, soit 250 dollars canadiens, les Brésiliens sont des joueurs de loterie. La *Mega Sena* atteint parfois les 20 millions de reais. Outre la *Mega Sena*, il y a la *Dupla Sena*, la *Quina*, la *LotoMania*, la *Lotofacil*, la *Loteca* et la *Loteria Federal*. On peut aussi trouver toutes sortes de loteries à gratter. Depuis 1980, le Camion de la chance (*Caminhão da Sorte*) parcourt les routes brésiliennes pour démontrer la transparence et la fiabilité de la loterie fédérale. Les boules numérotées sont tirées par des personnes du public, à la vue de tous, autour du Camion de la chance. Cette transparence mentionnée est tout de même sujette à des scandales impliquant même les partis politiques – on parle d'ailleurs souvent de la *mafia da loteria* au Brésil.

Attention! Les décibels qui sortent des haut-parleurs de ces camions à partir de 8h le matin font mal aux tympans, et la répétition inlassable de la musique thème donne le vertige.

Jogo do Bicho

Littéralement appelé le «jeu de l'animal», le *Jogo do Bicho* est illégal mais toléré par plusieurs autorités locales (souvent lorsqu'elles y participent). Les personnes qui pratiquent le *Jogo do Bicho* ou qui en font la promotion sont passibles de sanctions judiciaires.

La *Jogo do Bicho* apparaît à Rio de Janeiro au début de la République (1889) pour sauver les finances mal en point d'un jardin zoologique. Le parieur choisit 25 animaux du zoo; 10 000 chances de participer sont disponibles pour chaque jeu, et cinq prix sont tirés. Les 25 animaux sont distribués par ordre alphabétique en une progression arithmétique des multiples de 4, de 00 à 99. Par exemple, le numéro 1 est l'autruche, et ses quatre numéros sont 01, 02, 03 et 04. Le joueur peut parier la valeur monétaire de son choix et conserver les numéros pariés pour de futurs paris. De plus, le parieur peut fractionner ses paris ou participer pour gagner des prix moins élevés, en pariant sur les centaines et dizaines ou les groupes de quatre à l'origine du jeu.

Cette loterie illégale est comme une bourse de valeurs pour les pauvres. Les acteurs impliqués sont les banquiers, les gérants et les parieurs. Le banquier est responsable des fonds du jeu et des paris. Le gérant de la banque est celui qui repasse les paris au banquier et le prix au vendeur. Le vendeur est celui qui écrit et fait l'intermédiaire entre le parieur et le gérant. On ne trouve pas ces individus dans des lieux fixes. On rencontre les vendeurs assis dans la rue sur

VOICI LES NUMÉROS ACTUELS DU *JOGO DO BICHO*:

- 1 *Avestruz* (Autruche) 01-02-03-04
- 2 *Aguia* (Aigle) 05-06-07-08
- 3 *Burro* (Âne) 09-10-11-12
- 4 *Borboleta* (Papillon) 13-14-15-16
- 5 *Cachorro* (Chien) 17-18-19-20
- 6 *Cabra* (Chèvre) 21-22-23-24
- 7 *Carneiro* (Mouton) 25-26-27-28
- 8 *Camelo* (Chameau) 29-30-31-32
- 9 *Cobra* (Serpent) 33-34-35-36
- 10 *Coelho* (Lapin) 37-38-39-40
- 11 *Cavalo* (Cheval) 41-42-43-44
- 12 *Elefante* (Éléphant) 45-46-47-48
- 13 *Galo* (Coq) 49-50-51-52
- 14 *Gato* (Chat) 53-54-55-56
- 15 *Jacaré* (Alligator) 57-58-59-60
- 16 *Leão* (Lion) 61-62-63-64
- 17 *Macaco* (Singe) 65-66-67-68
- 18 *Porco* (Porc) 69-70-71-72
- 19 *Pavão* (Paon) 73-74-75-76
- 20 *Peru* (Dinde) 77-78-79-80
- 21 *Touro* (Taureau) 81-82-83-84
- 22 *Tigre* (Tigre) 85-86-87-88
- 23 *Urso* (Ours) 89-90-91-92
- 24 *Veado* (Faon) 93-94-95-96
- 25 *Vaca* (Vache) 97-98-99-00

une chaise ou sur une boîte de bois dans les lieux publics achalandés.

Vous ne pouvez pas jouer puisque c'est illégal, mais le tableau de la page précédente permettra d'augmenter votre vocabulaire animalier, et le fait de savoir que ce jeu existe vous ouvrira une fenêtre sur la culture de masse.

En effet, les animaux et les numéros du *Jogo do Bicho* sont présents dans la culture populaire. Par exemple, le 24 est dit « numéro des homosexuels », qui sont péjorativement appelés *veados* au Brésil. Le terme est aussi utilisé à la blague au sein de la communauté homosexuelle.

LES TRANSPORTS

L'avion

Le Brésil est desservi par plusieurs compagnies aériennes internationales, mais elles se concentrent souvent sur peu d'aéroports. Le transport national couvre bien sûr tous les autres aéroports, mais les trajets d'une ville à l'autre impliquent souvent plusieurs escales. L'avion demeure néanmoins le moyen de transport le plus efficace pour se déplacer d'une région à l'autre.

Certaines compagnies proposent un laissez-passer aérien assez avantageux (Brazil Air Pass), mais qui ne peut être acheté qu'à l'extérieur du Brésil et qui comporte de nombreuses conditions et restrictions. En général il faut l'acheter en combinaison avec son vol vers le Brésil. Il comprend quatre vols (ou plus) qui doivent être effectués en 21 jours, mais chaque escale doit être espacée d'au moins trois jours. Ce forfait est intéressant pour ceux qui veulent découvrir les quatre coins du pays ou qui ont des affaires à mener dans des villes particulièrement éloignées.

La voiture

La conduite au Brésil est déconseillée aux conducteurs inexpérimentés. Certains chauffeurs de camions et de bus semblent n'avoir aucun respect pour les automobilistes. Si l'état des grands axes routiers est généralement bon, celui des routes secondaires va du meilleur au pire. Faites attention aux nombreux ralentisseurs, qui ne sont pas toujours annoncés ou dont le panneau de signalisation, comme plusieurs autres indications routières au Brésil, n'est pas toujours très clair. Si le temps vous le permet, prenez quelques jours pour observer comment les Brésiliens conduisent et pour comprendre le réseau routier, avant de vous placer derrière le volant. Si vous devez absolument vous déplacer en voiture pour un séjour de courte durée et que vous ne connaissez pas la ville, il pourrait être plus judicieux d'engager un chauffeur.

Prenez note que, pour conduire au Brésil, il est fortement suggéré de posséder un permis international. Non seulement est-il exigé dans certains États, mais il pourra aussi vous faire gagner un temps précieux en cas de contrôle par un policier. Le comportement des policiers change tranquillement, mais en général, ils abusent de leur autorité. S'ils ne comprennent pas la langue dans laquelle votre permis de conduire a été émis, ils vous retiendront plus de temps que nécessaire.

L'autobus

Le réseau routier du Brésil n'est malheureusement pas efficace, ni sécuritaire. Une grande partie des correspondances interurbaines, même dans les régions où la demande est grande, se font encore sur des routes de terre battue ou partiellement revêtues. Pendant la saison des pluies, les routes deviennent difficilement praticables, et l'effondrement de viaducs ou les glissements de terrain causent des accidents mortels. Les routes en bon état sont généralement payantes. Les bandits de grand chemin ne sont pas un mythe mais un fléau, et les attaques d'autobus sont fréquentes sur les parcours de nuit. Vous pouvez souvent choisir entre plusieurs compagnies, avec des sièges au confort variable de l'une à l'autre. Pour quelques dizaines de reais de plus, payez-vous ce confort. Attention, dans les terminus et aux alentours, les voleurs traînent toujours.

Le taxi longue distance

Une autre forme de transport assez courante est le taxi pour longues distances. Vous en trouverez sur les places près des hôtels. Si vous devez voyager régulièrement vers des endroits assez éloignés, le taxi longue distance est la façon la plus confortable pour vous déplacer. Ces chauffeurs de taxi travaillent en ville, mais se spécialisent dans ce genre de voyage. Si vous parlez peu le portugais, demandez à une personne de confiance d'organiser le forfait. Il y a du charlatanisme dans ce milieu, et ces chauffeurs ont tendance à demander de fortes sommes. Mais une fois que vous aurez trouvé votre chauffeur, les déplacements deviendront pour vous un vrai charme.

Le taxi collectif

Les fourgonnettes Volkswagen Combi sont en voie de disparition dans les villes où les autorités considèrent ce moyen de transport comme dangereux. Elles font les mêmes trajets que les autobus. Le chauffeur de Combi pratique un tarif réduit. L'état des véhicules laisse souvent à désirer, et des vols peuvent être commis pendant le trajet. Aujourd'hui, les Combi font la correspondance entre le terminus des autobus urbains et les villes et villages-satellites des alentours. Ce moyen de transport peut donc s'avérer la seule façon de passer de la plage ou du petit village à un endroit desservi par des compagnies d'autobus urbains ou transurbains.

La moto-taxi

Dans un pays tropical comme le Brésil, la moto est un moyen de transport privilégié. Malgré l'état des routes souvent lamentable, la moto demeure la façon la plus rapide de traverser la ville aux heures de pointe. On ne trouve pas les motos-taxis dans toutes les villes, mais plus facilement dans les villes du Nord-Est. La course coûtera la moitié ou un peu plus de ce qu'il vous en coûterait en taxi, et les chauffeurs sont en général de confiance.

Le métro

Seules les villes de São Paulo, Rio de Janeiro, Brasilia, Belo Horizonte, Porto Alegre, Recife et Teresina comptent un métro. De façon générale, il dessert bien le centre des villes et procure une bonne correspondance avec certains quartiers périphériques. Il est plutôt sécuritaire et propre.

La bicyclette

Il est malheureusement déconseillé de se promener à bicyclette au Brésil. Peu de villes ont des pistes cyclables, et ces dernières sont souvent en piètre état. Le Brésil est encore aujourd'hui un pays de véhicules motorisés où se déplacer à bicyclette peut sérieusement mettre votre vie en danger, sans compter que les vols sont fréquents. Les plus modestes l'utilisent toutefois comme moyen de transport quotidien et couvrent de longues distances. Les gens de la classe moyenne pratiquent plutôt le vélo de façon récréative ou sportive dans des endroits spécifiquement aménagés.

La charrette et le cheval

Vu l'écart entre les riches et les pauvres, vous verrez, particulièrement dans le Nord-Est, des charrettes tirées par un cheval, un âne ou même des personnes. La charrette est généralement utilisée par les gens (enfants ou adultes) qui recyclent le plastique, le papier et le verre. Il n'y a pas, à proprement parler, de système de recyclage au Brésil. Ce sont les plus pauvres qui récupèrent, parmi les déchets domestiques de la classe moyenne, les denrées recyclables pour les apporter aux industries.

LES SOINS DE SANTÉ

Selon le type de séjour que vous projetez et la région où vous vivrez, certains vaccins sont recommandés.

Le vaccin contre la fièvre jaune est fortement recommandé surtout si vous voyagez en Amazonie, dans le Minais Gerais ou à Rio.

Par ailleurs, les médicaments pour prévenir la malaria sont recommandés si vous voyagez dans la forêt amazonienne ou dans les régions du Pantanal et du Mato Grosso.

Il vous est aussi conseillé de recevoir les vaccins contre le tétanos, la diphtérie, la poliomyélite et les hépatites A et B. Si vous prévoyez faire un séjour prolongé, pensez au vaccin contre les méningites A et C.

En milieu urbain, la fièvre dengue sévit pendant la saison des pluies. Les insectes qui en sont porteurs prolifèrent dans les eaux stagnantes. À la maison, les Brésiliens mettent du marc de café dans leurs plantes, ce qui semble aider à empêcher leur reproduction dans les terreaux humides. Il n'y a pas de vaccin pour cette fièvre; seule l'utilisation de mesures de protection personnelle, pour prévenir les piqûres par un moustique infecté, demeure le moyen de réduire le risque d'exposition au virus.

Système de santé public et privé

Tout comme pour l'éducation, le système de santé comprend un secteur public et privé. Malgré la nette amélioration du système public au cours des dernières décennies, la crise institutionnelle et financière des années 1990 a engendré une dégradation de la qualité des soins. Ce sont les moins bien nantis qui dépendent évidemment de ce système.

La classe moyenne et l'élite comptent sur les *sistemas privados de medicina supletiva* (systèmes de médecine privés) qui se sont multipliés depuis les années 1990. C'est probablement ce type de soins que vous désirerez obtenir en cas de besoin. Si vous faites un long séjour au Brésil, il est recommandé d'obtenir une couverture de soins de santé sur place. Cela vous évitera de devoir débourser de l'argent et de vous perdre dans les dédales bureaucratiques pour vous faire ensuite rembourser. Il existe plusieurs types d'assurance santé sur le marché. Si vous devez voyager pendant votre séjour, prenez la peine de vous informer pour savoir si l'assurance offre une couverture pour les soins partout au Brésil. Plusieurs d'entre elles ne vous couvrent que dans les États voisins de celui où vous contractez l'assurance. Dans un tout autre ordre d'idées, les dentistes au Brésil jouissent d'une réputation internationale et travaillent à bas salaire.

3

VIVRE EN SOCIÉTÉ

LES CLASSES SOCIOÉCONOMIQUES

La segmentation de la société brésilienne est extrêmement marquée. Au Brésil, on ne parle pas de discrimination raciale mais d'inégalités socioéconomiques. La race est un sujet presque tabou. Si vous abordez le sujet, on vous dira que c'est un raisonnement de chez-vous qui ne s'applique pas au cas brésilien. Le fait que la majorité des pauvres soient de descendance africaine ne semble pas faire sourciller certains Brésiliens blancs de la classe moyenne ou de l'élite. Un trait culturel brésilien : ne jamais dire les choses comme elles le sont, surtout lorsqu'on a tort et qu'on est dans une position dominante.

Les classes socioéconomiques peuvent être divisées selon le type d'occupation professionnelle et le salaire minimum mensuel. On emploie aussi communément des lettres pour les identifier (voir le tableau de la page suivante).

Fait notoire : depuis les 30 dernières années, la classe des très pauvres s'amenuise et la classe moyenne basse constitue un bassin de plus en plus important (près de 45% de la population) qui commence à accéder à la propriété et au crédit.

Classes	Composition	Part dans la population
A **Riches**	Professionnels post-gradués, entrepreneurs, administrateurs, gestionnaires	5%
B **Classe moyenne supérieure**	Petits propriétaires, techniciens spécialisés, cadres de grandes entreprises	20%
C **Classe moyenne basse**	Petits agriculteurs, employés de bureau, professionnels sans spécialisation, chauffeurs, maçons, peintres en bâtiment, employés de service, mécaniciens, etc.	45%
D **Pauvres**	Gardiens, aides-maçons, vendeurs ambulants et autres travailleurs sans qualification	25%
E **Très pauvres**	Travailleurs ruraux, pêcheurs, opérateurs de machinerie, recycleurs urbains, etc.	5%

LA HIÉRARCHIE DES CLASSES ET DES RACES

Il demeure qu'il y a peu de mobilité sociale au Brésil. Les nantis ont, en général, hérité d'un patrimoine financier familial composé de valeurs mobilières et foncières. Certains ont fait fructifier cet avoir, et d'autres l'ont effrité. Avec la crise économique des années 1980 et l'instabilité économique du début des années 1990, l'héritage a surtout servi à maintenir leur statut social et à donner un coup de main aux enfants.

Ces enfants ont été éduqués dans des écoles privées et ont obtenu, de façon générale, un diplôme universitaire. Malheureusement, ce diplôme ne leur garantit pas automatiquement un emploi permanent ou bien rémunéré. On assiste donc à la prolétarisation de la classe moyenne qui ne gagne pas plus de 1 000 reais par mois, ce qui entraîne une série de conséquences. Sans le concours des ressources financières de leurs parents, ces ménages ne peuvent pas s'acheter un appartement et doivent trouver un logement dans les quartiers populaires. Ils ne peuvent pas non plus payer l'école privée à leurs enfants ni l'assurance santé privée. Ils cessent de fréquenter les cinémas, le théâtre et les boîtes de nuit. Ils fuient cette nouvelle réalité en se réfugiant dans le conservatisme et le chauvinisme politique. Les autres bouclent les fins de mois en ayant plus d'un emploi et en se sacrifiant pour que leurs enfants aient une éducation et une assurance maladie privées.

Représentant environ 10% de la classe moyenne, les Noirs sont en pleine ascension sociale. Cependant, le parcours pour grimper dans la hiérarchie sociale est semé d'embûches. Dans des écoles publiques sans moyens financiers, ils doivent briller pour espérer passer les examens d'entrée des universités fédérales. Une fois diplômés, ils ne sont malheureusement pas au bout de leur peine parce que la discrimination à l'embauche est encore forte. Avec une tradition d'esclavage et d'emplois sans prestige derrière eux, les Noirs de la classe moyenne doivent redéfinir leur identité. L'appropriation de symboles de la classe moyenne tels qu'un diplôme universitaire, un travail non manuel, une voiture de l'année, une maison plus spacieuse, des domestiques et une certaine façon de se vêtir leur permettent de se distinguer de la classe populaire.

Dans la situation actuelle, la classe moyenne blanche, frustrée de la perte de son statut, accueille très mal l'ascension sociale des Noirs. La discrimination raciale se voit renforcée. Force est de constater que, pour un Noir, l'ascension sociale veut dire qu'on endosse les symboles des Blancs et qu'on subit un «blanchiment culturel».

Os doutores

Le pouvoir colonial et dictatorial est basé sur l'autoritarisme et le paternalisme. Qui dit autoritarisme dit hiérarchie; qui dit hiérarchie dit codes et symboles définissant les échelons. Le Brésil démocratique d'aujourd'hui repose sur des assises hiérarchiques profondes qui résistent encore au changement.

Par exemple, le terme «docteur» peut porter à confusion. Est appelé *doutor* celui qui a terminé et défendu avec succès son doctorat. On dit aussi «docteur» au lieu de «médecin». Les professions de col blanc telles qu'ingénieurs, avocats, architectes et économistes reçoivent aussi le titre de *doutor*. On reconnaît ces professionnels par l'anneau qu'ils portent au doigt serti d'une pierre de couleur différente pour chacune de ces professions. Et tout homme dont l'apparence suggère qu'il appartient à une classe supérieure est aussi appelé «docteur». Ainsi, beaucoup sont appelés *doutor* sans même avoir obtenu de doctorat.

Você sabe com quem esta falando? Savez-vous avec qui vous êtes en train de parler?

Dans la même veine, l'expression *Você sabe com quem esta falando?* renvoie à l'héritage colonial et dictatorial où la hiérarchie militaire et des classes socioéconomiques permettait ce genre d'attitude. Elle place celui qui est issu de la classe supérieure, ou ayant un grade militaire élevé, dans une position de supériorité. Selon l'anthropologue le plus cité en sciences sociales au Brésil, Roberto Damatta[2], la «personne» est plus importante que l'«individu». L'individu, c'est celui pour qui la loi est appliquée. La personne est plutôt définie par le pouvoir économique qu'elle possède et ses relations interpersonnelles – ce qui est bien au-dessus de la loi. On ne se demande donc pas, entre «personnes»: «Savez-vous avec qui vous êtes en train de parler?» parce que chacun connaît déjà sa place. À l'intérieur d'une structure sociale hiérarchisée, les personnes aux échelons supérieurs se sont vues octroyer une carte d'identité professionnelle. On retrouve donc le chef de la police, le procureur, le juge, l'ambassadeur, le député, le maire, le conseiller municipal, le médecin, l'avocat, le dentiste, le directeur d'université et l'élite de famille traditionnelle qui imposent leur supposée supériorité sur les autres individus. Ces «personnes» utilisent l'expression *Você sabe com quem esta falando?* dans toutes les situations astringentes et contrariantes. Elles l'adressent à un policier ou à tout autre individu qui tente de faire respecter la loi, la Constitution ou le code de la route. Si ces individus n'obtempèrent pas sur le champ, s'ensuivent des menaces à l'intégrité physique et des promesses de futures représailles. Se croient aussi en position de supériorité la femme, l'amante, les enfants, les neveux, les voisins et les amis de ces gens haut placés.

Heureusement, de moins en moins de citoyens brésiliens se laissent impressionner par cette expression, et plusieurs ont recours à la justice ou répondent vertement à leurs interlocuteurs de l'élite. Ce sont ces citoyens qui contribuent à la transformation de la société brésilienne vers une démocratie plus palpable.

Le racisme

Pour vous permettre de comprendre la dynamique raciale au Brésil et surtout sa complexité, quatre périodes historiques doivent être résumées. Vous constaterez que les discours sur le sujet s'opposent et que les lignes de pensée se chevauchent.

Les premières théories émanent des États-Unis. Des chercheurs viennent au Brésil et constatent que la problématique raciale semble moins inhumaine que dans leur pays. On parle, dans les années 1930 et 1940, d'inégalités raciales entre les Noirs et les Blancs. Ces inégalités se perpétuent à cause des préjugés, de la discrimination et de la ségrégation raciale. Pour les chercheurs américains et brésiliens de ces années, elles résultent de la position historique de subordination des Noirs. On croyait que la société moderne résoudrait ce problème par l'intégration sociale des Noirs.

Pour les chercheurs des années 1950 et 1960, non seulement les préjugés et actions discriminatoires existent, mais ils empêchent l'établissement d'un nouvel ordre social. On accuse alors la classe dominante de les entretenir, alors qu'ils n'ont plus leur place.

Dans les années 1970 et 1980, on met de l'avant que la perpétuation des inégalités raciales a été entretenue pour faciliter le développement du capitalisme au Brésil, et la reproduction des inégalités raciales se fait sans que la société s'en rende compte.

Le défi des années 1990 et 2000, c'est de sortir de cette situation aberrante où la perpétuation des inégalités raciales comme système historiquement construit coexiste avec une atténuation des attitudes et des comportements racistes au niveau individuel.

Les domestiques[3]

Vous découvrirez qu'au Brésil, particulièrement dans le Nord-Est, la classe moyenne supérieure emploie une femme de ménage à temps plein. Dans les autres États, la tendance est d'engager une domestique pour une visite hebdomadaire ou selon les besoins. Jusqu'aux années 1980, la femme qui allait se marier avait une domestique attribuée qui la suivait dans son nouveau ménage. Au Brésil, les domestiques portent les noms suivants : *doméstica, empregada, faxineira, secretaria, diarista*.

On compte 8 millions de travailleurs domestiques, ce qui représente 10% de la population active. Quelque 96% sont des femmes, en majorité noires et issues de la classe populaire. Seulement 25% d'entre elles ont une carte de travail (numéro d'assurance ou de sécurité sociale), et plus de 50% des domestiques ne contribuent pas à la Sécurité sociale, ce qui limite leur pension à la retraite.

C'est probablement l'emploi qui donne le plus souvent lieu à des cas d'exploitation, après la prostitution et le travail juvénile. Pourtant, 75% disent ne pas être membres d'un syndicat ou de la Fédération des travailleuses domestiques, qui leur donnerait la protection de la charte des droits des travailleuses domestiques.

Malheureusement, ces femmes sont peu éduquées, quand elles ne sont pas analphabètes, et ne connaissent pas leurs droits. Parallèlement il est difficile d'organiser la protection des droits de ces travailleuses domestiques parce que la résidence de leur patron n'est pas considérée comme un lieu formel de travail. Elles vivent dans des millions de foyers dispersés dans tout le pays, ce qui ne facilite pas la mobilisation. Finalement, la Fédération des travailleuses domestiques et les syndicats n'ont pas d'argent pour les soutenir financièrement.

C'est surtout les femmes qui supervisent les domestiques au Brésil. On les appelle *a Patroa*, la patronne. Si les patronnes jouent un certain rôle d'éducatrices auprès des domestiques, la majorité ferme les yeux sur la charte des droits de ces travailleuses. On paie le moins possible pour le plus grand nombre d'heures. Les vacances et les augmentations de salaire sont rares et, à l'inverse, les mauvais traitements sont légion. La travailleuse domestique élève les enfants de sa patronne et laisse les siens à la grâce de Dieu et des voisins. Parfois, elle les enrôle pour travailler avec elle, faute d'avoir d'autres options. En 1995, une recherche a montré que 500 000 enfants et adolescents entre 5 et 17 ans travaillent comme domestiques. On retrouve ces enfants en plus grande concentration dans les régions nord et nord-est du pays. La majorité d'entre eux ne vont pas à l'école, sinon ont un rendement scolaire très faible. Beaucoup ont déjà souffert de violence au travail. Selon une autre étude sur le sujet réalisée dans les années 2000, il y aurait toutefois eu une baisse de 17% du travail domestique juvénile depuis 1995.

Les recycleurs[4]

Dans les États du Nord, une infrastructure de recyclage et un système de cueillette sélective sont en place depuis plusieurs décennies. Les gens qui travaillent dans ce milieu sont considérés comme des cols bleus pratiquant un travail de grande portée écologique. Au Brésil, *os catadores do lixo* (les recycleurs) sont des individus sans ou avec peu de scolarité qui doivent s'adonner à cette activité pour survivre. On les trouve juchés sur les décharges à ciel ouvert, à la recherche de résidus recyclables, au milieu des chiens, rats, mouches, coquerelles et bactéries de toutes sortes. On les voit aussi dans les rues commerciales et résidentielles où la cueillette des déchets se fait tous les jours. En général, les *catadores* possèdent une charrette tirée par la force animale ou humaine. Peu de personnes trient leurs déchets domestiques. Ce sont les *catadores* qui doivent ouvrir les sacs de déchets et en retirer les résidus recyclables tels que le verre, le métal, le plastique, le bois et le papier.

Beaucoup de préjugés sont véhiculés à l'endroit des *catadores* à cause de leur apparence sale, de leur maigreur et de l'activité peu prestigieuse à laquelle ils s'adonnent. C'est probablement l'un des emplois les plus dénigrés, qui pourtant a une certaine portée quant au développement durable du pays. Les *catadores* sont leur propre patron et n'ont de compte à rendre à personne. Bien que mal rémunérés pour une grande quantité de plastique et d'autres résidus remis aux coopératives ou entreprises de recyclage, plusieurs réussissent à vivre de cette activité.

LES RELATIONS INTERPERSONNELLES ET DE GENRE

Au Brésil, l'étranger est roi. Les Brésiliens adorent échanger sur les différences culturelles et sur leur propre culture. Ils sont curieux et intéressés, ce qui facilite l'arrivée du nouveau venu. Il vous sera donc facile de vous lier rapidement avec les Brésiliens de votre environnement immédiat.

Les Brésiliens sont sociables, mais ne se lient pas facilement d'amitié. Comme ailleurs, les amitiés sont issues de l'école secondaire, de l'université, de groupes de loisirs et de sports. Elles ont été formées depuis plusieurs années. Il faut donc faire la distinction entre les sorties sociales avec des collègues de travail ou d'études et les personnes sur qui vous pouvez vraiment compter.

Il est aussi à noter que vous recevrez des invitations à vous joindre à un groupe d'amis pour le Carnaval, le Nouvel An ou un long week-end dans une maison à la plage. Même si ces moments d'échanges sont plus intenses qu'une simple sortie au *boteco* (bar), cela n'engage pas nécessairement vos hôtes à poursuivre la relation par la suite. Ne soyez pas surpris si, dans un autre contexte social, les personnes avec lesquelles vous avez discuté de questions philosophiques pendant trois jours consécutifs vous saluent du bout des lèvres ou pas du tout.

L'accueil et l'hospitalité brésiliens sont spontanés et pleins de bonne volonté, mais n'impliquent aucune obligation future.

Si vous avez la chance d'avoir des amis brésiliens dans votre pays, demandez-leur s'il leur est possible de vous présenter à leur famille et à leurs amis au Brésil. C'est probablement la façon la plus efficace de vous intégrer, d'entrée de jeu, dans un réseau social de façon durable. Une fois que vous connaissez toute la famille, vous en faites rapidement partie. Et cela, pour le meilleur et le pire. La vie familiale est source de soutien tout autant que de conflits.

Vous vous sentirez appuyé par votre famille élargie (grands-parents, oncles, tantes, cousins, cousines, frères et sœurs). Ce sentiment est grandement apprécié lorsqu'on arrive en pays étranger. Votre bien-être sera pris à cœur, et «votre famille» s'informera de vos états d'âme de façon régulière. Une attitude qui peut sembler un peu envahissante mais qui signifie qu'on tient à vous. Demander de l'aide et des conseils éclairés fera de vous un Brésilien en devenir.

Le paternalisme brésilien se reflète dans la vie familiale par la magnanimité du chef de famille, qu'il soit homme ou femme. Les enfants doivent se conformer aux opinions de leurs parents. Cela dit, il y a de l'espace pour échanger des idées, et ce ne sont pas tous les déjeuners dominicaux qui se transforment en bagarre. Certains sujets sont évités pour maintenir la convivialité. Faire partie de la famille veut aussi dire que vous devrez vous soumettre d'une certaine façon à ce paternalisme et accepter les conseils promulgués par votre entourage.

Il est aussi à noter que, sur le plan personnel, les générations se rencontrent. Il est courant de voir assis à la même table de jeunes adultes et des vieillards. L'échange d'idées qu'insuffle la jeunesse et les expériences de vie que partagent les aînés font partie des relations sociales au Brésil.

Pour ce qui est des relations homme-femme, des différences sont à noter entre le milieu urbain et rural. En milieu urbain, homme et femme interagissent ensemble de façon amicale. Dans les petites villes, il arrive que l'homme voie d'un mauvais œil qu'on s'adresse à sa femme ou à sa fiancée. Ces situations inconfortables peuvent rapidement tourner au conflit.

Les Brésiliens sont ludiques, sensuels, passionnés et narcissiques. Le regard est intense et le jeu de la séduction, jamais loin. Converser implique beaucoup de gestes, d'expressions et de contacts physiques. Une main sur l'épaule, une tape sur le genou, la main dans la main, bref, la ligne de démarcation entre une conversation anodine et des signes d'un plus grand intérêt est subtile. Prenez le temps d'observer et de décoder ces contacts physiques avant de vous lancer. Un mauvais pas et vous vous ferez remettre à votre place illico, sinon vous ferez fuir votre interlocuteur.

Dans une société patriarcale, le machisme est omniprésent et freine les avancées des droits des femmes et des homosexuels. Malgré des transformations sociales importantes et un mouvement féministe bien organisé, plusieurs luttes doivent être encore menées sur différents fronts. La participation de l'homme à l'éducation des enfants et le partage des responsabilités dans les tâches ménagères, l'équité salariale et une plus grande présence féminine dans les postes de direction en sont des exemples. L'élimination de la discrimination et des préjugés envers les homosexuels en est un autre.

L'homosexualité[5]

La situation des gais et lesbiennes n'est pas simple au Brésil. D'un côté, à São Paulo et à Rio de Janeiro, des pourparlers sur le mariage gai et sur la reconnaissance de leur cohabitation sont mis de l'avant depuis plusieurs années. De l'autre, la violence et la persécution perpétrées à leur endroit sont extrêmement cruelles. Comme dans beaucoup d'endroits dans le monde, il est plus facile de vivre librement son orientation sexuelle dans les grands centres urbains. Au Brésil, les préjugés et la discrimination sont la règle générale. L'organisme *Grupo Gay de Bahia* présente des statistiques horrifiantes : depuis les années 1980, plus de 3 000 homosexuels auraient été assassinés en raison de leur orientation sexuelle, dont la majorité serait des travestis et des prostitués. Les policiers font malheureusement très peu pour protéger et défendre les homosexuels qui travaillent dans la rue.

Il est triste de formuler les choses ainsi : il est préférable d'afficher discrètement ses préférences sexuelles, surtout en dehors des grands centres urbains. Il existe des bars GLS (*gay, lésbica e simpatizantes*) dans les grandes villes du Brésil. Vous verrez aussi des personnes afficher ouvertement leurs préférences sexuelles, mais sachez qu'elles font preuve d'audace. Vu la violence perpétrée à l'endroit des homosexuels, signifier clairement son homosexualité dans des lieux publics, surtout le soir, peut entraîner des commentaires blessants ou des actes de violence. Au travail, ce ne sont pas tous les secteurs professionnels qui font preuve d'ouverture face aux préférences sexuelles de leurs employés et employées. Les milieux académiques, artistiques et culturels sont, en règle générale, plus libéraux. Dans les autres secteurs, afficher son homosexualité peut attirer des ennuis.

LES MOTELS

Le Brésil, pays de l'infidélité? À compter le nombre de motels en ville et le long des autoroutes, on serait tenté de répondre affirmativement. Ne vous leurrez pas: le terme «motel» au Brésil, tout comme dans plusieurs pays d'Amérique centrale et du Sud, désigne un endroit où l'on se rend, avec un ou des partenaires, pour avoir des relations sexuelles. C'est une sous-culture en soi. C'est un endroit où les jeunes amoureux majeurs se retrouvent, faute d'un endroit intime à leur disposition. Il se peut aussi qu'un couple de classe moyenne basse qui partage un deux-pièces avec ses enfants se rende parfois dans les motels pour plus d'intimité. Dans la majorité des cas, cependant, c'est bel et bien pour tromper son partenaire. Quelle qu'en soit la raison, il existe un motel conçu pour répondre à tous ces désirs.

Comme tout autre commerce et malgré la nature de ses activités, le motel doit se distinguer des concurrents. Plus spécifiquement, le motel se doit d'afficher sa différence avec les bordels ou les hôtels douteux que l'on trouve en ville. Le terme «motel» est clairement affiché et, en général, le nom des établissements informe les clients de sa nature: *Fetiche, Te Adoro, Mon Chéri, Swing, Afrodite*, etc.

Chose importante à souligner: des motels, on ne voit que la façade. C'est donc l'entrée principale qui doit clairement indiquer à quel type de motel on a affaire. Les peu coûteux affichent le prix sur la devanture et les différentes promotions offertes. L'extérieur est tapageur, bas de gamme. Les motels intermédiaires doivent clairement avoir l'apparence sophistiquée, sans être réellement luxueux. Les prix doivent être raisonnables pour que la clientèle de classe moyenne soit attirée. L'extérieur est richement paré en faux: marbre, or, fontaine, etc. Pour ce qui est des motels de luxe, on a parfois l'impression de passer devant un parc d'attractions thématique. Ces motels, avec une entrée digne d'un décor hollywoodien des *Mille et Une Nuits*, se trouvent surtout à la sortie des villes, le long des autoroutes ou dans des quartiers à l'extérieur du centre.

Motel: mode d'emploi

Les clients entrent et présentent leur carte d'identité à un réceptionniste assis dans une cabine de verre teinté. Le prix de la chambre est fixé pour deux heures. Selon le type de motel, les prix varient entre 10 et 200 reais pour ces deux heures. Les clients paient le prix de la chambre au réceptionniste en sortant du motel. Les motels minables se résument à une place de stationnement où l'acte sexuel se consume dans la voiture.

Les chambres sont équipées de préservatifs, d'une télévision qui diffuse des films pornographiques, d'un minibar, d'une chaîne radio, d'air conditionné, de miroirs sur les murs et au plafond. Les motels intermédiaires et de luxe offrent une piscine privée, un sauna, une piste de danse, des accessoires érotiques en tous genres, une baignoire à remous, etc. Il est possible de s'y restaurer, et certains motels offrent un menu digne des grands restaurants. L'intérieur du motel est organisé de façon à ce que le client ait le moins de contacts possibles avec le personnel. Chaque chambre dispose de son propre stationnement dissimulé (et souvent muni de deux places) pour éviter que les véhicules ne soient reconnus par un tiers. Il y a généralement plus d'une porte de sortie, dans le cas où des clients devraient prendre la fuite pour ne pas être surpris par leur douce moitié.

Vous entendrez des histoires de motel dignes d'une *telenovela*. Les motels ne sont pas à l'abri des voleurs qui réussissent parfois à s'infiltrer et à repartir avec les biens des clients qui sont en position délicate pour porter plainte.

LA GASTRONOMIE BRÉSILIENNE

Au Brésil, la gastronomie locale est faite des influences indigène, européenne et africaine, comme c'est aussi le cas pour la musique, la religion et la danse. Cependant, comme une grande partie de la population est pauvre, la diète traditionnelle se résume à beaucoup d'hydrates de carbone (glucides). De plus, malgré la diversité climatique d'un bout à l'autre du pays, le manque d'infrastructures de transport fait en sorte que la variété des produits est inégale d'une région à l'autre.

Si vous voyagez dans le nord-est et le nord du pays, allez dans les «bars à fruits» et dégustez autant de jus qu'on trouve de fruits au Brésil (attention: la différence de température entre la fraîcheur glacée du jus et la chaleur ambiante peut vous donner des étourdissements et des maux de tête). Toujours dans le Nord-Est, on trouve la *comida de tabuleiro* (nourriture servie sur un plateau). Le favori est le «plateau de la Bahianaise». Cette pratique remonte au temps de l'esclavage lorsque les femmes esclaves sortaient dans la rue pour vendre des plats cuisinés afin d'arrondir leur salaire mensuel. Les femmes sont habillées de robes blanches aux jupes à volants, de turbans et sont parées de colliers et de bracelets colorés. Le mets le plus populaire est l'*acarajé*, une croquette de haricots blancs très épicée, plongée au moment de l'achat dans l'huile de palme (*dendê*) et servie avec une sauce aux crevettes. La crêpe de tapioca fourrée à la noix de coco, au fromage et au lait condensé, est aussi un incontournable. Cependant, soyez attentif à la qualité des aliments et à la propreté des ustensiles.

La *feijoada*

Chaque région propose des mets spécifiques pour les occasions festives, mais la *feijoada carioca* demeure le symbole par excellence du plat brésilien typique. La *feijoada* est composée de haricots noirs mijotés dans un bouillon épais et cuisiné avec des viandes salées, fumées et fraîches. On accompagne la *feijoada* avec du chou sauté dans l'huile, de l'ail et de la *farinha de mandioca* (farine de manioc) ou *farofa* (on fait revenir la farine de manioc dans du beurre) et des tranches d'orange. Le manioc est une plante à tubercules que l'on cuit comme une pomme de terre. Les feuilles de la plante sont utilisées dans la cuisine, tandis que la racine est séchée et transformée en farine.

Diète traditionnelle

Voici le menu typique de la classe moyenne, avec peu de variation d'une région à l'autre.

Café da Manha – petit déjeuner

Un café au lait et du pain avec beurre. On mange en général du pain blanc au Brésil, qu'on nomme *pão francês* (pain français). On y ajoute parfois une tranche de fromage de Minas (*minas gerais*) frais et un fruit.

Almoço – déjeuner

On trouve sur la table plusieurs plats: du riz blanc, des haricots noirs ou bruns dans un bouillon épais, des pâtes au beurre, de la viande, de la volaille ou du poisson, de la salade verte, un légume bouilli et une croquette frite. On accompagne le tout de farine de manioc et de piments forts en conserve ou d'une sauce aux piments.

Si vous n'êtes pas habitué à manger aussi copieusement au déjeuner, servez-vous une plus petite portion. Au restaurant, on peut partager à deux un plat principal sans faire sourciller le serveur. Il est difficile de comprendre comment on peut engloutir toute cette nourriture et repartir au travail sous un soleil de plomb. Les très populaires *self-services*, avec nourriture vendue au poids, servent le plus souvent des aliments qui sont frits et panés, mais certains offrent aussi des comptoirs à salades. Encore une fois, il faut bien choisir le lieu où l'on mange et s'assurer que les légumes ont été bien lavés. Dans les grandes villes, il est même possible de manger végétarien ou macrobiotique. Un peu partout où il y a des immigrants, on trouve des restaurants ethniques, surtout dans le Sud-Est.

Jantar – dîner

Le dîner peut ressembler au déjeuner. Dans plusieurs foyers, une soupe de haricots noirs ou un bouillon de poulet avec du riz fait office de repas.

Sobremesa – dessert

Dans ce pays de la canne à sucre, les gâteaux au glaçage extrêmement sucré sont très prisés. Le fromage de Minas, la pâte de goyave ou un fruit frais constituent également des desserts courants.

Cuisine contemporaine

Il fut un temps où la gastronomie était associée à la cuisine française. Aujourd'hui, la créativité locale et la mise en valeur des produits du terroir forment une cuisine contemporaine brésilienne exotique, succulente et de grande qualité. Le plus surprenant pour l'étranger est probablement les associations de goûts et de textures peu connues ou nouvelles. Par exemple, des crevettes avec de la mélasse et du riz aux fruits de la passion, une langouste frite dans le beurre accompagnée de morceaux de mangue épicés et grillés. Ou encore des crevettes flambées au whisky nappées d'une sauce béchamel avec ananas en cubes et gratin, servi avec du riz aux noix de cajou. Et que dire de la mousseline de manioc, de la purée d'ignames ou de la courge remplie de morceaux de pieuvre grillés et servie avec du riz à la noix de coco et à la crème de mangue.

LES BOISSONS

O Cafezinho – un petit café

Au Brésil, offrir un *cafe* (café) ou un *cafezinho* (diminutif affectueux de *cafe*) est une marque d'hospitalité, une façon de tromper la faim, de conclure des affaires, de prendre une pause, de passer le temps chez le coiffeur, de remettre ses idées en place avant de payer plusieurs pièces de vêtements dans une boutique chic. En fait, tout est propice pour prendre un *cafezinho* servi dans une tasse *espresso* ou un gobelet de plastique de la même taille. Les Brésiliens peuvent boire une, voire deux douzaines de *cafezinhos* par jour.

Caipirinha/Caipifruta

Ces cocktails sont à base de *cachaça*, l'alcool de canne à sucre brésilien. Cet alcool est vendu autant au plus pauvre qui veut oublier sa condition qu'à celui qui le déguste comme un bon whisky; l'éventail de qualité est grand. La *caipirinha* est faite de lime, de sucre, de *cachaça* et de glace. La *caipifruta* est obtenue avec des petits fruits; enfin, on substitue la vodka à la *cachaça* pour concocter la *caipiroska*. Ces cocktails sont extrêmement rafraîchissants et peu coûteux. Les Brésiliens aiment bien le whisky avec des glaçons; on le boit à tout moment de la journée, sauf en matinée. Le vin trouve aussi preneur, mais on le boit surtout dans les régions où il fait frais. Le *Campari* et le *Ron* (rhum) *coca* sont aussi appréciés des Brésiliens.

La bière, en général légère, est consommée extrêmement froide. Des bouteilles de plus d'un litre sont servies dans des cylindres de polystyrène pour les conserver froides. Au Brésil, on consomme l'alcool en mangeant. Les *salgadinhos*, ces petites entrées salées et panées, accompagnent la *cerveja gelada* (bière glacée). Les *salgadinhos* les plus appréciés sont les *azeitonas recheadas* (olives farcies), *bolinhas de queijo fritas* (fromage), *bolinhos fritos de bacalhau* (morue séchée salée), *empadinhas com recheio de camarão* (crevettes) ou *galinha* (poulet), *palmito* (cœurs de palmier) et *mandioquinha frita* (manioc). Les marques de bières se font une concurrence féroce, et vous constaterez que chaque Brésilien a sa favorite, même si leur goût est assez similaire de prime abord.

4

L'ÉCONOMIE, LES AFFAIRES ET LE TRAVAIL

Le Brésil a tout d'une grande puissance économique. Il n'est pas étonnant que les entreprises étrangères aient envie de s'y établir pour tirer parti de son essor. Ce chapitre fait un tour d'horizon des principales assises de l'économie brésilienne – sans oublier ses talons d'Achille – et vous révèle comment on y parle affaires et y travaille.

PORTRAIT ÉCONOMIQUE

En exil au pays de la samba au début des années 1940, l'écrivain autrichien Stefan Zweig a qualifié sa patrie d'adoption de « terre d'avenir ». Depuis, cette image a cruellement collé à la peau du Brésil car on se demande, non sans moquerie, si la promesse de cet « avenir » se concrétisera un jour. Mais aujourd'hui, il se pourrait bien que ce moment soit arrivé car jamais les astres n'ont été aussi bien alignés pour propulser le Brésil sur la scène économique internationale. Déjà, le pays ne passe pas incognito, faisant partie des BRIC (Brésil-Russie-Inde-Chine), cet acronyme consacré désignant les quatre principales économies émergentes. Ces dernières génèrent à elles seules près de 30% de la richesse mondiale, même s'il est vrai que, dans cet effort collectif, la Chine joue le rôle de locomotive tandis que le Brésil en est la remorque.

Ce dernier n'en demeure pas moins une grande puissance économique : il occupe le 10e rang mondial en ce qui a trait à son produit intérieur brut (PIB), dont la croissance se chiffre à plus de 5% par année. Au chapitre de sa superficie ainsi que de sa population, avec plus de 198 millions d'habitants, il se hisse même au 5e rang. On ne s'étonnera guère qu'on le surnomme parfois le « pays-continent », une expression qui prend d'ailleurs toute sa portée dès qu'on le compare au reste de l'Amérique du Sud : il en représente à lui seul environ 50% de la richesse, de la population et de la superficie.

Une économie résiliente

En revanche, si un mot résume à lui seul la qualité de son économie, c'est plutôt « résilience » : jusqu'en 1994, le pays se développe par à-coups brutaux et douloureux, entre périodes d'euphorie économique et cuisants revers. Sous le régime militaire, en place de 1964 à 1985, le Brésil se constitue une forte assise industrielle, grâce au développement de mégaprojets d'infrastructures à forte teneur patriotique, tels que l'emblématique route transamazonienne, destinés à projeter l'image d'un « Grand Brésil ». Mais la multiplication de ces chantiers a un prix : un endettement colossal, une inflation galopante (50% par mois) et des taux d'intérêt faramineux. Cette situation explosive se solde par une grave crise dans les années 1980, période que l'on surnomme avec justesse la « décennie perdue ». À cette époque, les plans de redressement et les ministres des Finances se succèdent les uns après les autres et jusqu'à quatre monnaies différentes apparaissent dans les mains des Brésiliens, pour être abandonnées peu de temps après.

La stabilisation économique survient en 1994 avec le plan Real du ministre des Finances d'alors, l'ex-président Fernando Henrique Cardoso. Il permet de mater l'inflation, réduire les taux d'intérêt et alléger le fardeau de la dette publique. Les Brésiliens, dont le salaire n'est désormais plus englouti par l'ascension vertigineuse des prix, reprennent confiance en l'économie et se remettent à consommer. Fruit de son ancrage au dollar américain, le real, la nouvelle monnaie nationale instaurée au 1er janvier 1994, tient le coup (jusqu'à la dévaluation de 1999 toutefois) et attire à nouveau les investisseurs étrangers. Le pays renoue progressivement avec la croissance qui, conjuguée à un régime stricte de dépenses, permet d'assainir les finances publiques.

Si la croissance actuelle du Brésil semble modeste en regard des autres puissances émergentes du BRIC, c'est un important gage de durabilité, arguent certains. Son essor est perçu comme étant beaucoup plus soutenable à long terme, ce qui éloigne les risques d'emballement de l'économie. Ainsi, le pays se sortirait mieux d'un ralentissement mondial. Il faut dire qu'avec des marchés aussi diversifiés et des exportations comptant pour moins de 15% du PIB seulement, l'économie brésilienne laisse moins de chance à la récession de s'inviter. Et pour les Brésiliens, ce n'est pas le moindre des avantages: la surchauffe est l'antichambre de l'inflation, fléau qui a été leur cauchemar pendant 40 ans.

Une puissance agricole

En plus d'avoir désormais une économie stable, le Brésil est un géant agricole. C'est un des premiers producteurs et exportateurs mondiaux de café, de jus d'orange, d'éthanol, de sucre, de soya, de maïs, de riz, de bœuf et de poulet. Même si l'agriculture ne représente que 6,7% du PIB, le pays-continent a tout d'une puissance agricole car il n'a à peu près rien qu'il ne puisse produire. Il a de tout: eau, ensoleillement et terres, tant en quantité qu'en qualité. Ainsi, il peut se permettre ce que jamais on ne verra dans les pays de l'hémisphère Nord: deux, trois, voire quatre récoltes par année! Derrière la première récolte, la *safra*, on replante tout de suite pour obtenir la *safrinha*, une moisson plus modeste toutefois.

Avec des terres aussi vastes et fertiles, pas étonnant que ce grand producteur de grains soit également un grand éleveur. Le Brésil est un grenier de maïs et de soya, intrants essentiels à l'industrie avicole, et dispose de grands espaces pour faire pâturer les bovins. C'est ainsi que le poulet, le bœuf et le porc brésiliens nourrissent le monde entier. L'industrie de l'élevage échappe aussi aux maladies telles que la maladie de la vache folle et la grippe aviaire. Dans le cas de cette dernière, elle est improbable puisqu'un oiseau infecté en Asie a peu de chance de se rendre au Brésil: il y a trois courants migratoires de volatiles en Amérique, mais aucun ne traverse véritablement le pays. En dépit de cela, on ne badine pas avec les normes sanitaires, et les précautions sont prises comme si un foyer pouvait surgir demain. En effet, si jamais on devait détecter un seul cas de grippe, la frontière de l'Europe, un des grands marchés d'exportation du Brésil, se fermerait immédiatement.

Et non content d'être un géant agricole, le Brésil possède également un potentiel inouï: il lui reste encore 90 millions d'hectares de terres inexploitées...

Une puissance industrielle

Le Brésil est également une véritable puissance industrielle: le secteur secondaire compte pour presque 30% du PIB, et sa croissance annuelle se chiffre à plus de 5%. On retrouve plusieurs filières importantes: pétrochimie, aéronautique, automobile, sidérurgie, minerai de fer, textile, chaussure, papier, caoutchouc, plastique et produits chimiques, pour ne nommer que celles-là. Le Brésil tient également à être reconnu comme une économie du savoir et innove dans les secteurs des technologies de l'information et des télécommunications, des nanotechnologies et des produits pharmaceutiques. À cela s'ajoute le développement de biocarburants à partir de la canne à sucre: le pays est d'ailleurs le deuxième producteur mondial d'éthanol, derrière les États-Unis.

Plusieurs fleurons font également l'orgueil des Brésiliens: la pétrolière Petrobras et l'avionneur Embraer sont reconnus comme des chefs de file mondiaux. Embraer, privatisé en 1985 et largement subventionné par l'État, est d'ailleurs aujourd'hui le premier constructeur mondial d'avions régionaux. Dans le secteur énergétique, le Brésil est autosuffisant au niveau pétrolier, grâce à ses réserves en haute mer et au leadership de Petrobras dans leur exploitation. Dans le secteur automobile, bien que le Brésil ne possède pas de fleuron, sa main-d'œuvre abondante et bon marché a permis d'attirer de grands constructeurs, qu'ils soient américains, asiatiques ou européens, ce qui permet à l'industrie brésilienne de se classer parmi les 10 premiers producteurs mondiaux de véhicules.

Les pôles économiques

Les différentes industries du Brésil ont créé de véritables pôles. Brasilia a beau être la capitale du pays, c'est l'État de São Paulo qui en est l'épicentre économique. À lui seul, cet État concentre près du tiers du PIB et presque 50% des sièges sociaux des 500 premières corporations du Brésil, nationales et étrangères confondues. C'est également le plus grand pôle métallurgique, chimique et pharmaceutique du pays. La ville de São Paulo même, sixième mégalopole au monde avec ses 20 millions d'habitants, est la capitale financière, abritant les grandes banques, les assureurs, les caisses de retraite et le parquet boursier.

L'État de Rio de Janeiro arrive en deuxième pour ce qui est de sa contribution à l'enrichissement du pays. Il est connu pour son industrie pétrolière florissante qui parvient à produire jusqu'à 1,8 million de barils quotidiennement, ce qui équivaut à 84% de la production du pays. Le secteur des technologies de l'information et des télécommunications y est également très concentré. Tout juste derrière, au 3e rang, on retrouve l'État du Minas Gerais, qui réunit plus de la moitié de l'activité minière du pays.

Ces trois États génèrent à eux seuls 45% du PIB. C'est donc dire qu'il existe deux Brésil: celui constitué des États au sud, riches et développés, et celui des États au nord, plombés par une économie faible et des infrastructures déficientes.

La consommation, moteur économique

Un autre des moteurs de l'économie, c'est la consommation. Fort de quelque 198 millions d'habitants, le marché intérieur brésilien a de quoi faire verdir d'envie bien des économies occidentales: la consommation domestique est suffisamment importante pour absorber en partie les contrecoups que pourrait subir l'économie mondiale. Cette consommation n'est pas dans les mains des seuls riches et nantis; elle repose de plus en plus dans les mains de la classe «C», la classe moyenne basse. Cette substantielle tranche socioéconomique commence à accéder à la propriété et s'équipe en biens et services en tout genre, allant des électroménagers aux meubles en passant par internet.

Avec un revenu familial mensuel n'excédant pas 1 200 reais par mois, un «C» ne consomme pas beaucoup. En revanche, ils sont nombreux. Comptant environ 82 millions de personnes, soit 41% de la population du pays, les «C» tiennent sans le savoir entre leurs mains l'avenir des détaillants, des centres commerciaux et des promoteurs immobiliers. Ces derniers le réalisent et font les pirouettes nécessaires pour satisfaire leurs besoins et même plus, car pendant ce temps, les possibilités d'accéder aux classes supérieures sont limitées: le marché des «A» et des «B» est saturé.

Ainsi, les centres commerciaux poussent comme des champignons dans les grands centres urbains, non pas seulement dans le riche Sud, mais à travers le pays et même dans les États plus reculés, comme l'Amazonas. Et à 80% urbanisés, les Brésiliens les fréquentent massivement. Avantage non négligeable: ils offrent un environnement sécuritaire et climatisé.

Vive le crédit!

On ne se surprendra guère que les détaillants vivent ainsi un véritable âge d'or. Certains sont si populaires qu'on les retrouve sur chaque étage des centres commerciaux. Souvent locataires-clés, ils offrent la carte de crédit du magasin, une stratégie qui fonctionne bien avec la classe «C», qui n'a pas facilement accès à une carte Visa ou MasterCard. Dans les centres commerciaux en construction, les détaillants offrent leur carte de crédit avant même l'ouverture du magasin, et les gens font la file pour l'obtenir.

Mais les détaillants ne s'arrêtent pas là. Pour acquitter le solde mensuel, tout détenteur doit se présenter en magasin. Pour le moindre achat, que ce soit un t-shirt, un repas dans la foire alimentaire du centre commercial, un trajet en taxi, des médicaments, il est possible d'étaler le paiement sur sa carte en 3, 6, et même 10 versements égaux sans intérêt. Ces réclames *10x sem juros*, vous les verrez partout et, au moment de passer à la caisse pour payer, on vous offrira tout naturellement d'étaler votre achat. Et s'il est difficile de mettre à jour le compte des cartes de crédit, certains détaillants mettent à la disposition de leurs clients une borne, placée à l'entrée du magasin, pour qu'ils puissent consulter leur solde. Il n'en fait aucun doute: les détaillants font plus d'argent à vendre du crédit que des vêtements!

Le crédit est partout au Brésil, ce qui n'est pas sans risque pour le bilan financier des ménages brésiliens: entre 2000 et 2007, le nombre de cartes en circulation a cru de 225% et la valeur des transactions de 278%.

Le parquet brésilien

L'argent coule désormais à pleines vannes au Brésil. L'afflux de capitaux étrangers, conjugué à la hausse du cours mondial des matières premières au cours des dernières années, permet à la Bourse brésilienne, qui dépend fortement des titres de ressources naturelles, de vivre un véritable âge d'or.

Derrière cette effervescence, se trouvent des «appels publics à l'épargne» (APE), dont le nombre est multiplié chaque année. Les investisseurs étrangers ne sont pas restés indifférents à cette activité, bien au contraire, générant environ les trois quarts du volume de capital levé.

En 2007, la Bourse brésilienne a suivi la tendance mondiale en ouvrant son capital, pour la bagatelle de 6,6 milliards de reais. L'année suivante, elle a annoncé sa fusion avec la Brazilian Mercantile and Future Exchange (BM&F), ce qui a donné naissance à la Nova Bolsa, la deuxième Bourse des Amériques, tout juste derrière Chicago! La motivation? De différentes avenues de revenus et la rationalisation des coûts. Mais également dans le but de devenir plus grand, en raison de la tendance dans le monde à la consolidation des places boursières. Si cela n'empêche pas la Nova Bolsa de devenir une cible, au moins elle sera une bouchée plus importante à prendre, ce qui éliminera plusieurs prétendants.

Le climat d'investissement

Dans ce contexte de développement économique accéléré, on ne se surprendra donc pas de constater qu'aujourd'hui les capitaux abondent au Brésil. Une économie stable, des finances publiques assainies, une inflation sous contrôle, des changements apportés au cadre réglementaire et la gouvernance d'entreprise, tout cela fait en sorte que jamais l'environnement n'a été plus favorable à l'investissement, que ce soit par des intérêts locaux ou étrangers.

Et l'on peut facilement s'imaginer que la tendance va se poursuivre. En effet, en 2008, l'agence de notation Standard & Poor's a relevé la cote de crédit du Brésil qui a atteint le niveau *Investment Grade*. Ce surclassement signifie que le pays, fort du succès de ses réformes, est désormais «sûr» pour y investir. Cela faisait deux ans que ce dernier attendait cette heureuse sanction et que les magazines économiques, sentant que les astres s'alignaient, titraient à qui mieux mieux: «Le temps du Brésil est-il venu?», arguant que le pays vit la période économique la plus prospère des 30 dernières années.

Le fossé entre les riches et les pauvres

Alors le pays de l'avenir est-il en train de devenir celui d'aujourd'hui? Oui, sauf si la croissance des inégalités persiste. Il est impossible de parler du Brésil sans parler du fossé qui existe entre les riches et les pauvres. Le Brésil est même, à travers le monde, la caricature de l'inégalité, faisant peut-être mieux que l'Afrique du Sud. C'est dire! L'ex-président Fernando Henrique Cardoso (1995-2003), à qui l'on doit le plan Real, a brillamment formulé cet état des choses dès son premier mandat: «Le Brésil n'est pas un pays pauvre, c'est un pays injuste.»

Au 70e rang mondial sur l'échelle du développement humain (sur 177 pays), jusqu'au tiers de sa population vit dans la pauvreté. Signe que la richesse est inégalement distribuée, les 10% les plus pauvres ne se partagent pas même 1% des revenus, tandis que les 10% les plus riches jouissent de 45% des revenus. La mobilité sociale est quasi inexistante: celui qui naît pauvre a toutes les «chances» de rester piégé dans l'exclusion, et la faiblesse de l'éducation publique au primaire et au secondaire ne lui permettra pas de s'en sortir.

Le taux de chômage, qui stagne autour de 8%, demeure élevé pour un pays qui connaît une croissance aussi soutenue. Nul doute que l'essor économique ne profite pas à tous, loin de là. Cela explique que les mouvements migratoires soient importants : des travailleurs du Nordeste notamment, la région la plus pauvre du pays, descendent dans le riche Sud pour y tenter leur chance.

L'insécurité et la violence

Ce faisant, les travailleurs venus du Nordeste gonflent les régions périphériques et pauvres des grands centres urbains, avec tout ce que cette pression comporte comme risques : tensions, insécurité, délinquance, trafic d'armes à feu et crime organisé. La drogue est également une plaie, alimentée par une forte demande : le Brésil est le deuxième plus important consommateur de cocaïne au monde!

Aux narcotrafiquants, s'opposent les groupes d'extermination, souvent constitués d'anciens policiers mis à la porte pour corruption, qui font également régner leur loi. Ces miliciens sont embauchés par des résidents ou commerçants désireux de se faire justice eux-mêmes et de se débarrasser des vandales et des voleurs. Les services de ces *matadores de aluguel*, ou « tueurs de location », coûtent entre 150 et 200 reais, selon la qualité de la personne à éliminer. Une paire de chaussures, quoi!

Cette guerre urbaine entre les groupes d'extermination et les narcotrafiquants prend en otage les résidents des quartiers défavorisés et fauche la vie de 150 personnes quotidiennement. Et face à cette violence, la police est impuissante. Il faut dire que, payée au salaire minimum, elle est notoirement corrompue.

4

BRASSER DES AFFAIRES ET TRAVAILLER

Faire des affaires au Brésil n'est pas une sinécure. C'est généralement compliqué, long, énergivore. Selon la Banque mondiale, le Brésil se situe au 125e rang, parmi 181 économies, pour ce qui est de la facilité avec laquelle on y fait des affaires. Il fait moins bien que l'Afghanistan et même l'Inde, la caricature de la lourdeur bureaucratique! S'incorporer nécessite 18 étapes qui prendront 152 jours à franchir auprès de multiples agences gouvernementales. Oubliez le « guichet unique »! Quant au fardeau fiscal, il n'apporte pas de soulagement aux entreprises : fort de 62 taxes différentes, il est plutôt lourd, faisant en sorte que le Brésil se situe au 145e rang en cette matière. Cela rend l'évasion très tentante et légitime en quelque sorte la présence de la *caixa 2*, une expression pour désigner un deuxième compte bancaire hors de portée du fisc.

Le marché du travail est également très rigide. Embaucher, tout comme licencier, demande de se conformer à toute sorte de procédures et, encore une fois, de remplir beaucoup de papiers. Depuis une dizaine d'années, le milieu des affaires réclame à cor et à cri de réformer les lois du travail, en plus de la fiscalité. Mais on s'en doute, ce sont des décisions fort impopulaires à prendre puisqu'elles touchent aux avantages sociaux des travailleurs et se feraient dans un climat social qui est loin d'être au beau fixe, bien que les grèves industrielles soient aujourd'hui peu fréquentes.

La bureaucratie, la législation du travail et le système fiscal, talons d'Achille du pays, forment donc le fameux *custo Brasil*, soit le coût supplémentaire de faire des affaires au Brésil, qui plombe en partie la compétitivité des entreprises. Les défenseurs des réformes arguent que l'appréciation du real dans les dernières années rend ces réformes encore plus nécessaires.

La bureaucratie

Selon *The Economist*, l'omniprésence du gouvernement serait le pire ennemi du Brésil. Mais en plus de la patience dont vous devrez toujours faire preuve et de l'avocat qui travaillera à établir votre société, vous disposerez d'une autre arme : le *despachante*. Il n'est pas nécessaire de vous accouder au zinc du bar de votre hôtel pour espérer en trouver un, après quelques échanges de regards obliques et entendus. Il s'agit d'une profession reconnue et légale, même si elle opère parfois aux frontières de l'illégalité. Officiellement, le *despachante*, terme qui vient du mot « efficace », est un genre de courtier en transport et en douane qui joue un rôle de « facilitateur » entre vous et les différentes agences gouvernementales.

Mais dans les faits, il fait beaucoup plus puisqu'il vous permet d'obtenir permis de conduire, visas, enregistrements, autorisations, passeports, actes de naissance, etc. Cet homme à tout faire administratif, aguerri aux formalités, connaît la machine gouvernementale comme le fond de sa poche. Bref, il sait *dar um jeito*, c'est-à-dire « trouver un moyen pour que vos affaires tournent rondement ». Attention toutefois : les *despachantes* ne se valent pas tous, et vous pourriez tomber sur un individu moins scrupuleux.

Vous ferez aussi inévitablement connaissance avec le *cartório*, un notaire qui certifie les documents en tout genre.

Les infrastructures

Au *custo Brasil*, il faut ajouter la déficience des infrastructures dans lesquelles le gouvernement investit moins de 2% du PIB par année. Cela est insuffisant pour suivre la croissance économique du pays et rend laborieux les déplacements des personnes et des marchandises. Conséquemment, les industries peuvent moins facilement se développer ou se délocaliser ailleurs au pays, particulièrement dans les États les plus pauvres. Si elles le font, c'est à grands frais et délais. Dans ces conditions, l'écart de développement entre le Nord et le Sud peut plus difficilement se résorber.

Environ les trois quarts du transport au Brésil est autoroutier. Malheureusement, le réseau est plutôt vieux et mal entretenu, exception faite des États plus riches tels que São Paulo ou le Paraná, par exemple. Cela représente un défi de taille dans le cinquième pays au monde par sa superficie. Le système ferroviaire ne compense pas la situation : il est très peu élaboré même s'il est plus économique. Conjugué aux infrastructures portuaires inégales et souvent chères, le coût logistique brésilien est plutôt élevé. Conscient du problème, le gouvernement brésilien a lancé le *Programa de Aceleração do Crescimento* (PAC) en 2007, un vaste programme se chiffrant à 500 milliards de reais.

En contrepartie, le transport aérien est bien développé, bien que pas nécessairement bon marché. Une soixantaine d'aéroports et de nombreuses routes aériennes desservent les villes du Brésil. Les télécommunications sont également très fiables, qu'il s'agisse de la téléphonie, privatisée en 1999, de la radiodiffusion, du câble ou de l'internet.

La main-d'œuvre

Pour un entrepreneur, l'un des avantages du Brésil est sa main-d'œuvre, abondante et peu coûteuse. Mais qui dit « bon marché » dit souvent « peu qualifiée ». La faute revient en partie à la faiblesse du système éducatif. Ce n'est pas tant l'accès à l'école publique qui pose problème, mais sa qualité. Parmi les pays de l'Organisation de coopération et de développement économiques (OCDE) et ses partenaires, le Brésil est bon dernier pour ce qui est des dépenses par élève destinées aux maisons d'enseignement : les établissements publics du primaire et du secondaire ont donc peu de moyens et les classes sont surchargées. Les connaissances acquises en lecture, écriture et mathématiques sont extrêmement inégales. Certains n'hésitent pas à dire que les étudiants sont inadaptés au monde du travail, ce qui compromet la productivité, la compétitivité et la croissance du Brésil. Toutefois, pour qui en a les moyens, d'excellentes écoles privées existent, et c'est d'ailleurs le choix que font les classes socioéconomiques plus aisées.

Les universités publiques brésiliennes, fédérales ou d'État, sont généralement réputées et forment ingénieurs, médecins, gestionnaires et autres personnels qualifiés. Il faut dire qu'elles sont fréquentées par les meilleurs étudiants, c'est-à-dire ceux issus du réseau scolaire privé : mieux formés, ils passent plus facilement les examens d'entrée que leurs camarades du réseau public. Les recalés, quant à eux, doivent se tourner vers l'enseignement supérieur privé ou renoncer à une éducation universitaire.

Quant aux écoles d'enseignement professionnel et technique, elles sont très modernes et bien adaptées aux besoins du marché. On y forme annuellement des centaines de milliers de travailleurs spécialisés, et ce, dans tous les domaines.

Le milieu du travail

Ce n'est pas parce que vous êtes au pays du Carnaval et que ses habitants sont réputés pour leur sens de la fête que les Brésiliens passent leur journée à se la couler douce. Certes, sur votre chemin, comme partout dans le monde, vous croiserez votre lot de fonctionnaires payés pour faire on ne sait trop quoi et de secrétaires occupées à bavarder au téléphone. Il n'en demeure pas moins que la semaine officielle de travail compte au plus 44 heures. Les journées peuvent être longues, et les réunions peuvent être planifiées en toute fin d'après-midi. Si vous travaillez pour une multinationale comme expatrié et si, de surcroît, vous êtes basé à São Paulo, notamment dans le quartier des affaires, vous serez à même de constater que les lampes des bureaux finissent par s'éteindre tard en soirée.

L'ambiance de travail est généralement cordiale et détendue. Malgré tout, la hiérarchie est très présente. Quand le patron de la boîte dit quelque chose, généralement on s'exécute sans grande possibilité de discussion. Bien que les choses évoluent à cet égard, ne vous attendez pas trop à y trouver une forme de gestion participative. L'organisation du travail est représentée par une pyramide aux nombreux paliers hiérarchiques.

Les Brésiliens accordent beaucoup d'importance au titre. Pas besoin d'être un homme expérimenté pour être respecté: on vous donnera la déférence que votre titre vous confère, peu importe que vous soyez une femme, un jeune, un étranger ou autre. Le titre des postes de travail s'équivaut entre le français et le portugais brésilien. Toutefois, le poste de vice-président n'existe pratiquement pas au Brésil: c'est généralement un *diretor*, mais qui possède autant de pouvoir et de responsabilités que le vice-président qu'on retrouve dans les boîtes en Europe ou en Amérique du Nord.

La notion de temps

Au Brésil, exception faite de São Paulo et de Rio, le temps a moins tendance à dicter le quotidien des gens. Une heure de rendez-vous n'est pas nécessairement fixe, mais sert plutôt d'indication. Si vous y êtes pour affaires, vous ne pourrez pas vous permettre d'être nonchalant au premier rendez-vous: soyez ponctuel. Toutefois, inutile d'en faire une obsession: les bouchons de circulation viennent à bout de la meilleure des volontés. De toutes les façons, les réunions peuvent commencer avec 30 minutes de délai, parfois plus. Peu importe le retard, une rencontre commence par une conversation amicale avec les personnes présentes. Ne tentez pas de bousculer l'ordre du jour pour rattraper le temps perdu. Également, ne quittez jamais une réunion qui se déroule positivement, même si vous pensez être en retard pour votre prochain rendez-vous. Votre brusquerie offusquera ou blessera, ce qui est loin d'être souhaitable dans une relation d'affaires qui débute. Remettez tout simplement votre prochaine rencontre à plus tard.

Si vous êtes un couche-tôt, préparez-vous à adapter votre horloge biologique: les Brésiliens sortent tard du bureau et donc mangent tard. S'ils vont au restaurant, ils aiment bien rentrer chez eux auparavant pour sauter dans la douche et changer de vêtements. Ainsi, il n'est pas impossible qu'ils viennent vous chercher ou vous donnent rendez-vous vers 21h ou 22h, et que vous sortiez du restaurant vers 1h, sans même être les derniers!

Si vous êtes invité à dîner chez votre nouveau partenaire en affaires, n'arrivez jamais à l'heure à laquelle vous avez été convié: votre hôte ne sera pas prêt à vous recevoir. Une quinzaine de minutes pour les dîners et environ une heure pour les soirées sont des «retards» habituels. Et n'arrivez pas les mains vides (mais nous y reviendrons un peu plus loin).

La présentation

Dans le pays qui a le culte du corps et un gros penchant pour la chirurgie esthétique, on ne se surprendra guère de constater que les Brésiliens soignent leur apparence. Ils peuvent prendre jusqu'à trois douches par jour pendant l'été et changer autant de fois de tenue. Il est courant de les voir arriver au travail avec les cheveux encore humides. En matière de style, ils suivent la mode européenne; plusieurs designers locaux réussissent très bien.

Sans en faire une obsession, inspirez-vous des Brésiliens pour parfaire votre tenue. Cela vous permettra de moins passer pour un *gringo* dans la rue. Si vous manquez d'inspiration, n'hésitez pas à faire les boutiques: les prix sont très abordables et les conseils des vendeurs, très indiqués.

Pour les hommes: le costume trois pièces a une connotation «dirigeant», tandis que le deux-pièces est porté par le personnel moins élevé dans la hiérarchie. En dehors de São Paulo et de Rio, les gens d'affaires arborent une tenue généralement plus décontractée: chemise à manches courtes sans cravate.

Pour les femmes: les Brésiliennes prennent beaucoup plus de liberté et aiment les vêtements ajustés et sexy. Elles peuvent se rendre au travail en robe ou en jeans et sandales. Cependant, pour celles qui occupent un poste haut placé, les tailleurs conservateurs sont davantage indiqués. Observez vos collègues du même niveau que vous pour voir jusqu'où vous pouvez aller.

Les Brésiliennes raffolent des produits de beauté, du parfum et du maquillage. Toutefois, en ce qui a trait à ce dernier, optez pour la sobriété avec un trait de crayon sous les yeux et un peu de rouge à lèvres, car le fard ne fait pas bon ménage avec la chaleur et l'humidité. En soirée, la fraîcheur rend possible l'ajout d'un peu plus de maquillage. Les soins des mains et des pieds font partie d'une toilette normale: les femmes plus aisées vont à la manucure une fois par semaine et ne lésinent pas sur le vif du vernis.

Quelques faux pas à éviter:

- Oubliez les vêtements en lin ou tout autre tissu froissable.
- Évitez le jaune avec le vert: les couleurs du drapeau brésilien ne se portent jamais ensemble, sauf à la plage ou pour faire du sport.
- Par précaution, laissez montres et bijoux coûteux chez vous.

L'interaction

Pour les Brésiliens, faire des affaires est une forme d'interaction sociale. Ils auront besoin de vous connaître, mais également de se faire connaître, avant de se lancer en affaires avec vous. Vous devez donc vous comporter comme quelqu'un qui est là pour se faire des amis. Soyez décontracté mais adressez un sourire sincère, les yeux dans les yeux avec une franche poignée de main. Lorsque vous êtes avec un groupe de personnes, assurez-vous de saluer chacune d'entre elles (du moins du regard) en arrivant et en partant. Ignorer quelqu'un sera probablement interprété comme de l'indifférence ou de l'hostilité.

La société brésilienne étant fortement hiérarchisée, adressez-vous aux gens en utilisant *senhor* (monsieur) ou *senhora* (madame) suivi de leur nom de famille. On vous invitera rapidement à utiliser le prénom. Pour les personnes plus âgées, on utilise *seu* et *dona* suivi du prénom ou encore le très révérencieux *doutor* ou *doutora*.

En dépit de cela, les Brésiliens demeurent des gens très chaleureux. Vous en viendrez rapidement à vous faire la bise (un seul à São Paulo, deux à Rio de Janeiro), à vous faire prendre le bras ou à vous faire donner une tape amicale dans le dos. Quant aux courriels, ils seront tout naturellement signés d'un *abraços* (accolades) ou *beijos* (bises). Bien entendu, dans la correspondance plus formelle, on se contentera d'un *com os meus melhores cumprimentos* (avec mes meilleures salutations) ou *com amizade* (amitiés).

Les Brésiliens parlent avec leurs mains, leurs bras, bref tout leur corps. Ils utiliseront des expressions corporelles que vous ne connaissez pas en vous expliquant un point de vue. Ne vous gênez surtout pas pour leur demander ce que le geste accompagnant les paroles veut dire. Certains gestes peuvent sembler grossiers ou offensants alors qu'il n'en est rien. Cela vaut pour nous aussi : le signe OK, que vous faisons en joignant le pouce et l'index, laissant les autres en éventail, est vulgaire et signifie « escroquer ». Habituez-vous plutôt à mettre le pouce en l'air.

La conduite des affaires

N'entamez jamais une conversation en parlant affaires. C'est votre interlocuteur qui amènera le sujet. En attendant, commencez avec des sujets légers tels que le sport, ou si vous en êtes à une rencontre subséquente, parlez famille et progéniture. Évitez les sujets délicats comme la corruption, les enfants de la rue et la forêt amazonienne.

Ne soyez pas pressé d'amener votre partenaire à signer. Puisque faire des affaires revient à se faire des amis au Brésil, vous devez d'abord gagner la confiance de vos interlocuteurs. Pour ce faire, démontrez que vous êtes au Brésil non pas en dilettante, mais pour le long terme : ouvrez un bureau au Brésil ou, du moins, procurez-vous une adresse. Vos coordonnées locales devront figurer sur vos nouvelles cartes professionnelles. Si vous êtes suffisamment patient, vous serez récompensé pour le temps et les voyages que vous consacrerez à bâtir cette relation. Et une fois que vous aurez obtenu cette confiance, vous l'aurez pour longtemps.

Cela vaut si vous êtes honnête, bien entendu. N'essayez jamais d'arnaquer un Brésilien : il vous bannira de sa « famille » d'affaires qui peut être beaucoup plus grande et influente que vous ne le pensez. Cela dit, veillez à ne pas vous faire rouler non plus. Prenez le temps de connaître vos partenaires, soyez honnête, et vous récolterez la même chose en retour.

Ce n'est pas parce que vous êtes dans un pays où se succèdent les scandales de corruption que soudoyer est la voie à suivre. Vous vous rendrez compte que vos partenaires n'aiment pas prendre des risques inutiles en affaires. Même si les lois changent constamment, même s'il est toujours possible de *dar um jeito* pour contourner un obstacle, les Brésiliens ne raffolent pas nécessairement de ces méthodes.

Les cadeaux

Du coup, en ce qui concerne les cadeaux, vous voudrez à tout prix éviter que cela passe pour un pot-de-vin. Avant d'offrir un présent, attendez d'être devenu membre de la « famille ». Ne l'offrez pas pendant la rencontre d'affaires : le repas au restaurant, quand l'ambiance est détendue, est plus approprié. Si vous êtes invité chez votre partenaire d'affaires, n'arrivez surtout pas les mains vides. Pensez même aux enfants de votre hôte.

Les Brésiliens aiment le beau, donc des objets design, une bouteille d'alcool de qualité, un bon vin ou quelque chose de plus personnel si vous êtes certain de votre choix. Si vous retournez au Brésil, demandez avant votre voyage à votre hôte si quelque chose de votre pays pourrait lui faire plaisir. Dans tous les cas de figure, on évite tous les symboles avec connotation sensible : les chiffres 13 (la malchance) et 24 (l'homosexualité), les couleurs noire et violette (la mort), les couteaux (la rupture) et les mouchoirs (le malheur).

L'attitude colonialiste

Est-il nécessaire de préciser? L'attitude colonialiste est à remiser à tout prix! Les Brésiliens sont fiers et n'aiment pas être stéréotypés. Votre meilleur atout pour réussir votre voyage, c'est une attitude à l'opposé du conquérant ou du *gringo* qui ne voit pas plus loin que les cartes postales à l'effigie de danseuses de carnaval et de plages à perte de vue.

Ne pensez pas non plus que le Brésil n'est qu'un bassin de main-d'œuvre bon marché ou un énorme marché domestique dans lequel vous pourrez déverser vos produits. Les Brésiliens veulent innover et sont prêts à acheter des technologies qui leur permettront de le faire. Pensez donc à faire des partenariats avec eux et à échanger vos expertises, en veillant toutefois à la protection de votre propriété intellectuelle.

Enfin, on ne saurait trop le recommander : apprenez la langue, du moins ses rudiments. Les Brésiliens sont honorés mais souvent étonnés qu'on apprenne leur langue. Le portugais brésilien n'est pas une langue particulièrement difficile à maîtriser, encore moins pour un francophone ou un hispanophone. Vous débrouiller dans cette langue vous ouvrira toutes sortes de portes, à commencer par celles des secrétaires de direction qui filtrent les sollicitations auprès de leur président. D'ordinaire sympathiques et loquaces, elles seront davantage enclines à vous aider et à récompenser vos efforts, comme toute personne à qui vous vous adresserez, d'ailleurs. Qui plus est, vos interlocuteurs ne maîtrisent pas forcément l'anglais, et c'est encore plus vrai à l'extérieur des grandes villes et des États du Sud et du Sud-Est.

ÉPILOGUE

Vous êtes sur le point d'atterrir en sol brésilien? Vous venez de vous y installer? Vous êtes de retour d'un séjour et la *saudade* vous tenaille déjà? Ce sont la richesse et la diversité de la culture brésilienne qui séduisent tout un chacun d'une façon ou d'une autre. Arriver au Brésil en sachant qu'on vous attend à l'aéroport ou en ayant des numéros de téléphone dans votre carnet d'adresses déploiera d'emblée une série d'événements qui se dérouleront à une vitesse folle. Cependant, l'effervescence des premières semaines laisse ensuite place au quotidien, et vous pourrez vous sentir déboussolé. La chaleur écrasante, l'agitation continuelle dans les rues, l'obligation d'être en état d'alerte en tout temps pourront vous surprendre. Reprenez votre souffle, allez marcher sur la plage, à la montagne ou dans un parc public. Asseyez-vous et faites le vide. Laissez tranquillement remonter toutes les sensations que vous avez ressenties depuis votre arrivée. Et reprenez votre train de vie à un rythme moins effréné. Souvenez-vous qu'il faut du temps pour tout au Brésil. L'impression d'avoir effectué des pas de géant laissera place au sentiment que vous êtes soudainement revenu au point de départ. Il n'en est rien, vos acquis du départ sont toujours là, mais vous devez maintenant commencer à vous intégrer à la société brésilienne.

Pour ce faire, cet ouvrage est en quelque sorte un guide sur lequel vous pouvez vous appuyer pour mieux comprendre ce qui vous arrive. Le Brésil vous séduira à ses heures, vous frustrera à d'autres et vous laissera parfois dans l'incompréhension la plus totale. Non seulement ces émotions sont normales, mais elles sont la preuve que cette culture commence à couler dans vos veines. Apprenez les pas de la samba, du *forro* ou de la *ginga de la capoeira* et laissez-vous aller avec le reste de la collectivité : dansez. Dansez pour oublier la file à la banque. Dansez pour oublier la bureaucratie. Dansez pour oublier le vol de votre caméra. Dansez avec vos nouveaux amis brésiliens. Parlez avec tout votre corps, exorcisez vos craintes. Dansez en ne pensant plus à rien et laissez la musique vous pénétrer jusqu'à la moelle. Le lendemain sera un jour neuf, et vous serez motivé et stimulé des jours durant. Ne refoulez pas vos émotions. Exprimez-les lorsqu'elles se forment. Tentez de garder un certain contrôle, mais si un tremblement de frustration ou de rage se manifeste et que des larmes vous montent aux yeux, sachez que vous faites des progrès!

Le Brésil, c'est l'intensité pure. La seule façon d'y vivre, c'est de devenir Brésilien dans l'âme. Vous ne le regretterez pas et vous expérimenterez, de façon parfois surréaliste, l'extase et une nostalgie lancinante. Vos amis brésiliens vous regarderont, mi-amusés et mi-attendris, et vous diront : *É meu irmão o Brasil é assim* - Oui, mon frère, le Brésil est comme ça.

Que les *Orixás* vous guident et vous protègent.

Notes bibliographiques

1 CUREAU, R., *L'enseignement au Brésil*, disponible en ligne : www.cndp.fr/revuetdc/885-73383.htm.

2 GUATTARI, F. et S. ROLNIK, *Micropolitiques*, Paris, Les Empêcheurs de penser en rond, 2007, p.83-85.

3 OLIVEIRA, C., Teodoro, M.R., *Trabalhadoras Domésticas no Brasil*, 2007, document PowerPoint.

4 PORTUGAL, G., *O Catador*, 1995, disponible en ligne : http://www.gpca.com.br/gil/art127.htm.

5 MOTT, L.R., *Homofobia : a violação dos direitos humanos de gays, lésbicas e travestis no Brasil*, Comissão International de Direitos Humanos de Gays e Lésbicas, São Francisco, California, 1997.

BIBLIOGRAPHIE

Agence Brasil França : www.bresil-decouverte.com/cours_bresilien.php.

ANTUNES, R., *Le deuxième mandat de Lula, 2006, Alternatives International*, disponible en ligne : http://alternatives-international.net/article501.html.

Banco Central do Brasil, *Relatório Anual*, Vol.41, p.11, 2005.

BERNADES, L. N., *Guia de viagem das festas populares; sua defesa conceitual, Monografia*, UFRJ, Rio de Janeiro, 2006.

Brazilian Portuguese Grammar :
http://br.geocities.com/helcio_domingues/verbsserestarfazerterhaver.html.

Burocracia brasileira A maior do mundo :
www.notadez.com.br/content/noticias.asp?id=33433.

Chaîne de télévision Globo :
http://en.wikipedia.org/wiki/Rede_Globo#Beyond_Citizen_Kane.

CIA Factbook : ww.cia.gov.

Cinemateca Brasileira, *Os trinta filmes mais significativos do cinema brasileiro*, 1988, disponible en ligne : http://www.cinemabrasileiro.net/30filmes.html.

Classes Sociais do Brasil : www.ai.com.br/pessoal/indices/CLASSES.HTM.

CUREAU, R., *L'enseignement au Brésil*, disponible en ligne : www.cndp.fr/revuetdc/885-73383.htm.

DEPRÉ Oseki, I., *La poésie contemporaine brésilienne : l'héritage du concrétisme*, disponible en ligne : www.sitec.fr/users/akenatondocks/DOCKS-datas_f/collect_f/auteurs_f/O_f/OSEKI_F/TXT_F/Synopsis.htm.

FIGUEIREDO, A., *Cinema Brasileiro nos anos 90 : Crise e Retomada*, disponible en ligne : http://br.geocities.com/adeusanosnoventa/crise_cinema.htm.

Fundação Nacional do Índio : www.funai.gov.br/.

GUATTARI, F. et S. ROLNIK, *Micropolitiques*, Paris, Les Empêcheurs de penser en rond : Paris, 2007, p.83-85.

Les divinités du candomblé les plus honorées, disponible en ligne : http://fr.wikipedia.org/wiki/Candombl%C3%A9.

Melhores Filmes : http://melhoresfilmes.com.br/paises/brasil/page1.

MOTT, L.R., *Homofobia : a violação dos direitos humanos de gays, lésbicas e travestis no Brasil*, Comissão International de Direitos Humanos de Gays e Lésbicas, São Francisco, California, 1997.

OLIVEIRA, C., Teodoro, M.R., *Trabalhadoras Domésticas no Brasil*, 2007, document PowerPoint.

POMAR V., 2007 : www.esquerda.net/index.php?option=com_content&task=view&id=3377&Itemid=98.

PORTUGAL, G., *O Catador*, 1995, disponible en ligne :http://www.gpca.com.br/gil/art127.htm.

BIBLIOGRAPHIE

INDEX